遠足文化
Walkers Cultural
社子島
囚禁半世紀，被遺忘的孤島
楊麗玲 撰述

社子島

囚禁半世紀，被遺忘的孤島

Contents

推薦序 1

我們要留下一個什麼樣的臺灣給下一代？

臺北市長 柯文哲

位於臺北市西北角的社子島，三面環河、視野廣闊、生態豐富，是淡水河與基隆河交會的地點。兩河匯合處的先天優勢與獨特的人文風貌，卻因一場葛樂禮颱風造成北臺灣水災，遭到政策性禁建、限建，從此身世坎坷。

臺北人或許聽說過它，卻感覺陌生，對社子島的印象，往往停留在落後、淹水、房舍老舊、景象凋敝、交通不便、欠缺公共建設、違建工廠等負面觀感。

四十六年的禁建，居民期望改變。但只要選舉到了，候選人就會開出一張比以前更大張的支票，只是從沒實現過。多次的政治跳票讓當地的居民失望之餘，根本失去信心。政府長期無力解決問題，也知道自己理虧，遂放任違建蔓延，整個社子島變成化外之地，更是法外之地，最後政府不僅視之為燙手山芋，乾脆視而不見。

我常說執政要永遠思考著「我們要留下一個什麼樣的臺灣給下一代」，

因此毅然處理社子島問題，因為我不做，以後的市長更不可能去做這一件吃力不討好的工作。

為了決定社子島之開發方向，北市府舉辦 i-Voting 由住民票選，從三個方案擇一，供市府做進一步之規劃參考。強調「開放政府、全民參與、公開透明」的政治理念，這是第一次由市府提供一個平台，讓在地住民有機會參與，決定自己社區未來發展的方向，堪稱創下臺灣都市計畫的典範。

居民選擇的「生態社子島」方案，重點不是細節，而是告訴市府進一步規劃的方向。我認為只要方向確定了，剩下的就是勇往直前。再不開發，時間拖越久，惡性循環會越嚴重。回顧以前的計畫，失敗原因除了大家不願承擔政治風險以外，就是安置與補償問題，沒有清楚可行的辦法。

社子島禁建太久，造成違建多、流動人口多、產權複雜，許多土地都是持分擁有，還有許多有屋無地的住民，諸多困境使得居民意見難以被整合，也給了政府不開發、不建設的藉口。最後，受害的還是居民。

社子島已經禁建四十六年，如果這時候再不解決，結果就是永遠拖下去了！既然現在戰略方向確認，也往前走到這個地步，剩下的就是努力向前了。社子島這種困難政策的執行，無法等待大家都滿意才開始。

所以市府以「大多數人民的利益」為原則，個人太特殊的問題則以專案處理。道路、公園、學校、公共設施，先行建設，可以處理的先處理，並隨時傾聽民意，依照現況修正計畫，不斷前進。

四十六年的禁建造成「一個城市、兩個世界」，社子島不能再等了，大家一齊前進吧！

推薦序 2

社子島也是臺北市的一部分

臺北市議員 何志偉

很感謝正在閱讀的你，以及遠足文化看見社子島獨特的人文、歷史及地理背景，更由衷希望隨著這本書的出版，能讓大眾了解社子島居民所面臨的困境，藉由相互理解、對話，消弭分歧對立。有人願意以專書剖析社子島問題，讓我第一時間感受到洋蔥味。

社子島在不斷的被媒體討論又被遺忘中逐漸老去：基隆河、淡水河被整治的服服貼貼不再氾濫成災的同時野性也消失殆盡。在時光舞動之時，這兩河交會之處——社子島的生命力也逐漸流失。過往祖先所依賴的母親之河，因霸道的政策與市民疏離了。良田沒了、漁獲沒了、傳統永續的經濟模式沒了，未來的希望也沒了。以我個人經歷而言，基隆河截彎取直之後，我那陌生的老家現正沈睡在河底，遭政府強制徵收的長輩親身體會何謂顛沛流離、無處安身之苦，思念家園的心情猶如老兵望月般的惆悵。我心中嚴正告訴自己：過去的錯誤絕對不能再次複製！

市長一句玩笑話挑起敏感神經

柯文哲在社子島以史上最高得票率順利當選，但勝選後一句玩笑話：『不開發了！大家發錢！』立即挑動居民長期的敏感神經，似要用錢打發居民！上百人串聯要到市政府陳情。對我而言，雖然挑戰當紅的柯市府會面臨政治傷害，但為了民眾賦予代為發聲的任務，為了緩和高漲情緒，與在地里長謝文加、李賜福三人出面斡旋以免失控。雖然部分網友的責難與圍剿實令居民難以承受，幸好主流輿論適時給予平衡報導，讓長期「無聲靜音」的居民得以稍稍平反。

另類「戒嚴」造就超高比例的弱勢集中

這塊土地被定為滯洪區至今禁建四十六年，彷彿是「空間、時間戒嚴」，一般人所能享有的生活機能都不能合法設立，毫無基礎生活品質可言，連玉山都有的便利商店，社子島竟無法設立。或許有人會問「為什麼不搬？」說實話，有能力的人早搬了，剩下大多是只能守著沒價值土地和殘破房屋的老弱婦孺。

安置問題待解

實施禁建後的新建物都屬違建，一般區段徵收僅「合法建物」可獲拆遷補償，但社子島在特殊歷史脈絡下，如果只補償合法建物勢必引起很大的反彈，因此「臺北市舉辦公共工程拆遷補償自治條例」另外規定七十七年八月一日前的既存違建也可補償，但往後的建物就只有人口遷移費。社子島家庭弱勢戶比例相當高，安置問題更應小心謹慎，依北士科經驗一戶專案住宅約千萬，即便拿到三百萬拆遷補償後還得另外掏錢，但許多家戶根本無力負擔相關費用，最糟更可能只領二十八萬遷移費就得搬家走人。拆遷補償更涉及複雜產權問題，有些房子一戶裡面住了二十人以上；更有許多有屋無地或連房屋都沒有的經濟弱勢，據市府調查超過半數家戶產權有問題。為避免爭議，居民希望市府先交代安置問題，但市府卻執意直接討論開發內容，導致雙方在程序上始終未能有共識。

是半世紀生活品質的彌補，不是貪婪

有人將爭議簡化為「利益談不攏」，並給居民扣上貪婪的帽子，我認為這樣的指控非常不道德！市府明知輿論導向卻任由網友砲轟居民。社子島民風純樸，貪婪從來就不是其形容詞，居民害怕開發後無家可歸，市府既如期完成 i-Voting，就應儘速落實安置承諾，確保居民不會因住不起而遭迫遷。

按部就班、先安置後開發

現行目標應以「儘快解決防洪等基礎建設後加速解禁和安置」為主，其次才是利益問題，無產權或戶籍的弱勢戶應先行安置至中繼住宅。社子島在兩位里長的努力，下相對過去已經整潔許多，但仍需持續引進行政資源，讓民生基本設施維持一定水準，積極處理環保、交通等公共問題。社子島開發非外界所稱「利益」問題般單純，在禁建限制之下，別說都更，連改、修建都不行，等同居住權遭剝奪，無法享受半世紀來臺北基礎建設的進步。所以不只是「利益」問題，而是我們這些非社子島的市民對於社子島居民背負長達半世紀十字架、剝奪居住權的彌補。

我們該去思考，如果我們的國家可以僅為了虛空的國際知名度砸上百億舉辦「國際級花博或運動會」，為何不好好思量社子島的強大潛力，結合科技與生態概念，成為都市再造的極致案例，讓這裡成為真正的未來城市生活的典範？

推薦序 3

願培育英才，與社子島共榮發展

臺北海洋技術學院校長
唐彥博

社子島位處臺北盆地基隆河、淡水河兩河流域交會之處，紅樹林、近水生態豐富，美景天成。

社子島上的最高學府臺北海洋技術學院*，係國內唯一擁有獨立教學碼頭並在臺北市與新北市皆設有校區之私立大專校院。

本校自民國五十五年創校以來，共培育三萬餘名各式專業人才，為臺灣經濟建設與發展貢獻良多。校友分布在各行業各階層且勤奮工作，廣受好評。

歷屆畢業校友中，獲致傑出表現者頗眾，不勝枚舉，舉其瑩者，如鴻海集團總裁郭台銘先生、桂冠實業董事長王坤山先生、兩岸船務大王洪清潭先生、臺北海運承攬公會理事長陳木枝先生、高盈企業集團董事長雷祖綱先生、高雄港引水人辦事處主任胡延章先生、知名藝人郭子乾先生、胡琴音樂家陳家崑先生、音樂製作人王治平先生等，少年求學時光，皆在社子島度過，也見證社子島的各階段發展。

本人（唐彥博）民國一〇一年八月接任本校第九任校長，除秉持「忠誠服務、創新創意、前瞻機先、熱忱赴事」之理念，建立教職員勇於負責、積極創新之精神；也結合社子島獨特在地特色與豐富自然、人文資源，期與社子島共榮發展，再創歷史扉頁！

今日很高興遠足文化出版社能夠在臺北城市開發總體佈局之際，集眾人之力，出版這樣一本有意義的社子島專書，很樂意、也很榮幸為之撰序。

＊原為中國海事專科學校，民國九十六年八月一日奉教育部核准改制並更名為「臺北海洋技術學院」

推薦序 4

可以成就偉大，何必屈於平凡？

財團法人喬大文化基金會董事長
郭國榮

當大家都在為社子島開發與否，爭得面紅耳赤、說得口沫橫飛，喬大文化基金會以自己的方式，定期舉辦讀書會已屆十三年，期待透過閱讀推廣，讓新一代社子人，綻放出不一樣的人生色彩。

「成就偉大城市，『豐富心靈視野』和『提升居住品質』一樣重要！」誰都希望擁有環境優美、衛生、整潔、舒適的居住環境，社子鄉親們需要的不僅僅是居住環境的改善、更需要精神層次的文化浸潤。不管是閱讀還是藝術彩繪，這些文化推廣必須持久投入，雖無法馬上收獲立竿見影的效果，但透過閱讀、文化活動的潛移默化，對居民心理素質、美學涵養的培育，卻有深遠的影響。人形塑了城市，城市也觸發了人，社區再造、藝術進駐是催化後的外在形式，學習認真面對『自己是塑造城市的一份子』」才是真議題。

我們應該以逆向思考的眼光來看「限建」這件事：社子島禁建近五十年，

居住正義遭到剝奪是事實，但若放大眼光來看，也因這樣的歷史錯誤，使社子島免於都市化過程的破壞，仍保有獨特的原始生態、自然景觀，而且位於兩河交匯處，親水資源豐富，是臺北市最珍貴的綠寶，也是臺北市最後的一塊處女地。社子島的現況與未來，不僅是社子島的家務事，所有善意的關心與提醒，都值得島上鄉親認真思考。

對於目前柯市府的積極，希望大家多一些肯定與鼓勵、少一些批判與口水，拉高視野，用超越世界一流城市的規格與思維，以未來一百年、兩百年、三百年來定位，社子島有山有水、有濕地生態、鄰近出海口，天然條件豐富而獨特，我們不要讓社子島停留在過去，不要拿片面的資訊解讀來自己嚇自己，必須勇敢往前走，即使面對先天環境的險阻，以臺灣人特有的韌性與堅持，沒有做不到的事！好好規劃，發揮其真正的價值，深信社子島絕對可以成為最具特色和生命力的臺灣意象。

用深、廣、遠的思維，加上膽識和魄力，帶領大家勇敢做夢，逐步具體落實，當然，實踐的過程，難免會遇到困難和阻礙。我相信，柯市長有足夠聰明智慧，也有接受挑戰的決心，可以偉大，何必屈於平凡？這是一個千載難逢的契機，做到了，就是在為臺灣、為臺北市寫下歷史新頁。

回顧過去展望未來，臺北市作為國際知名的城市，希望未來可借鏡並超越荷蘭阿姆斯特丹、法國巴黎塞納河、倫敦泰晤士河、奧地利多瑙河及德國萊茵河等世界知名城市，打造臺北淡水河流域成為兼具人文、景觀、水道交通、及環保休閒的一流河川，更進一步提升臺北地區民眾的生活品質和機能，讓大臺北地區不僅是持續進步的都會區，也是一個友善生活、發展觀光的好所在。

欣見臺灣第一本探討社子島的書籍出版，這本書裡很公開的探討了支持開發與反對開發的兩端意見，我認為能公開、理性、和平的討論社子島的未來，是臺灣社會值得珍惜的民主成果。希望讀者們能透過閱讀本書更瞭解社子島的過去，也期待社子島的未來能有每一位讀者給予的支持與祝福。

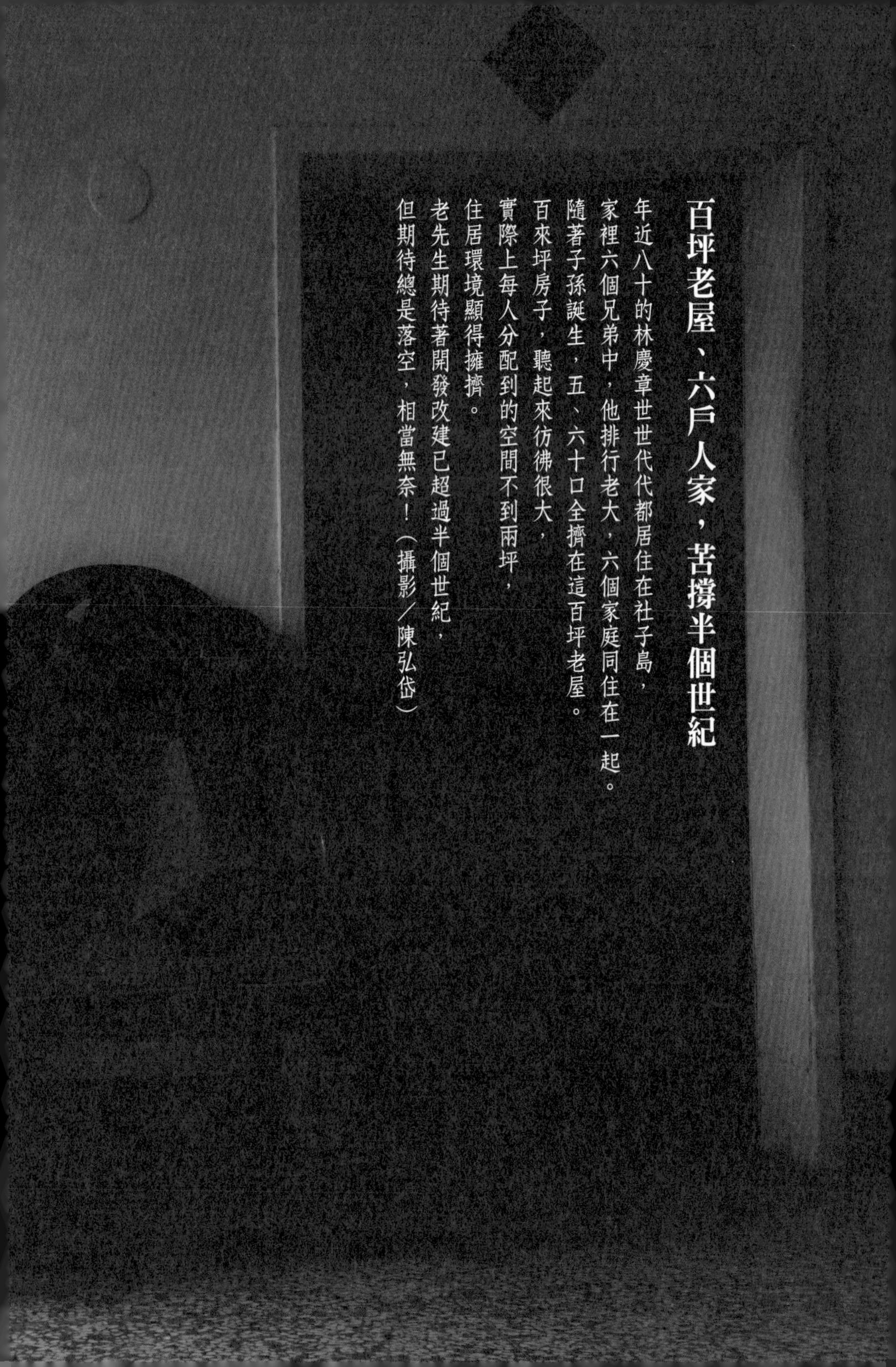

百坪老屋、六戶人家，苦撐半個世紀

年近八十的林慶章世世代代都居住在社子島，
家裡六個兄弟中，他排行老大，六個家庭同住在一起。
隨著子孫誕生，五、六十口全擠在這百坪老屋。
百來坪房子，聽起來彷彿很大，
實際上每人分配到的空間不到兩坪，
住居環境顯得擁擠。
老先生期待著開發改建已超過半個世紀，
但期待總是落空，相當無奈！（攝影／陳弘岱）

限建惡法逼出來的後現代拼湊風

社子島的純樸之美感，總是能夠驚艷每個前來拜訪的人。雖然位於臺北市，但是社子的生活風格、整體環境以及文化氣氛，卻都與臺北市其他地區截然不同。除了落入眼底的紅磚屋瓦、復古巷弄以外，社子因為禁建的關係，房屋整修相關法律條例十分繁瑣，許多戶都是由居民自己動手整裝，故產生了一種特殊拼湊感風格。像是直接黏貼在房屋旁的樓梯、或者是用切一半的招牌製作的門閥等等，看得見人工痕跡及台式的工藝技術，與生活中平時所見的景色大相逕庭。

（攝影／陳弘岱）

FILA

曾是大臺北蔬菜主要供應區

過去社子島曾為大臺北的蔬菜專業區，大部份居民以種植蔬菜為主，但是南北高速公路通車後，中南部蔬果農產品藉由高速公路，短短幾小時就運送到臺北各大集散市場，社子島農產品成本較高，難以和中南部競爭，很快就失去「臺北蔬菜供應專區」的優勢。（攝影／陳弘岱）

城中村堤外孤島，青壯人口盡外移

臺北的城中村、堤外的沙洲島，
在這裡感受不到大城市的喧囂嘈雜，
也沒匆忙急促的步調，傍晚時分，
阿公牽著阿孫去看廟埕上酬神的偶戲，排遣無聊，
有種回到古早年代的溫馨，
但老的老、小的小，街廓上看到年輕人的比例不高。
由於環境品質差，有能力的青壯人口紛紛外移，
加上生活成本低，吸引許多弱勢族群留下來。
這些都是長期禁止開發、缺乏公共建設所造成的惡性循環。
整個社子島生活機能很差，甚至沒有超商、大型商店，
更別提診所、銀行、郵局，居民不明白，明明有繳稅，
卻活得像二等公民……（攝影／陳弘岱）

兩河環抱，大臺北最美麗的綠寶

從高空鳥瞰，可看見許多鐵皮工廠、
農田與聚落妝點著社子島的樣貌。
這顆兩河環抱的水中鑽石，
河水為她帶來的豐饒的生命力，
社子的地方建設不如其他地區密集，
但也因此讓社子保留了許多地方特色，
古宅、菜圃、濕地，雙河匯的特殊景緻……等，
也許有些人會覺得社子是落後的舊社區，
但在社子人的眼裡，
社子比其他地區都來得更美，
濃濃的淳樸民風，
其他都會地區少見。（攝影／陳弘岱）

1 靜好歲月 水來說故事

基隆河、淡水河伴著我，
黃昏的社子島啊！火金城，
心愛的人叫著阮的名，
希望是咱的將來咱的聲，
觀音山看對這來保庇我，
保庇咱們有成功的那一天，
過冬鳥飛倒返回來祝福我，
阮心內的鑽石，社子島啊！

【社子島之歌—心內的鑽石】曲／黃大軍

（攝影/李鳴鵰）

夕陽下，波光粼粼，彷若碎鑽流金，隱約地，似有歌聲悠悠穿透暮色，低迴於蒼茫天地間。

暮風陣陣吹拂，在河面上打著漣漪，水草搖曳，濕地特有的潮腥氣味也淡淡飄散開來，河對岸，三重、五股、觀音山、關渡平原、陽明山、大屯山系猶如霞光潑墨中的禪者，沉著靜立，觀看、守護著這片由淡水河與基隆河沖積而成的沙洲。

社子島民陳文煌說，多年前知名音樂人黃大軍來訪，看到這裡渾然天成的自然美景，將內心感動譜寫成《心內的鑽石》，唱出社子島民的哀傷與希望，但是感覺太過悲情……。

「悲情」幾乎是多數媒體在提及社子島議題時最常呈現的面向，除了散見於各報章雜誌的新聞報導、政論性節目外，也製作過許多專題，例如商業周刊《幫臺北背四十四年十字架的小島》、民視《漂盪·社子島半世紀》的專題節目、公視《我們的島——第八一三集雙河之島》、楊力洲拍攝的紀錄片《被隔絕的社子島》……等，多以「殘破」、「落後」、「髒亂」等形容詞來陳述社子島的窘境。

孤懸於臺北城市邊緣的社子島，是淡水河與基隆河交會後流經臺北盆地的最後一個地點，擁有獨特的歷史風華、地景人文，卻因一場颱風，遭到政策性禁建、限建，從此身世坎坷。

她雖與臺北鬧區僅一線相隔，行政區劃分上也屬於臺北市，命運卻大不同，數十年來，臺北市快速發展，但社子島彷彿成了化外之區，洪荒孤立，多數臺北人或許聽說過她，卻感覺陌生，對社子島的印象，就如媒體陳述般，往往停留在落後、淹水、房舍老舊、景象凋蔽、交通不便、欠缺公共建設、違章工廠特別多等負面觀感。

從繁華世界跌進另一個舊時空

猶記得約莫二十歲那年，也是個夕陽西下的薄暮時分，我曾經騎著摩托車在臺北城市裡漫遊，不知怎地，竟莫名闖進「異域」，彷彿突然從一個繁華世界跌進另一個舊時空，景象瞬間大變——幾秒鐘前，我還騎車在喧囂熱鬧、車陣呼嘯而過的延平北路上，下一秒，車陣消失、高樓不見了，前路變窄，市容也完全改觀。

就像許多人形容的「臺北市的庄腳所在」，相對於高樓林立、車水馬龍的臺北都會風貌，這裡全是低矮房舍，破舊的瓦簷磚房、歪歪斜斜的巷弄。有些巷弄窄到僅可通行摩托車或腳踏車，與行人錯身而過時，得小心慎行，以免相撞，有些巷弄，甚且是你家後巷緊貼著我家門前，一不小心就會闖進別人家裡。

昔時歲月的溫柔漫漾開來

那個傍晚，我在迷宮般的巷弄間穿梭，兩旁磚牆觸手可及，有些牆面斑駁、破損了，彷彿輕輕一碰，就會抹來滿掌歲月的滄桑與無奈。有些人家的客廳裡傳來電視節目裡名嘴罵人的聲音、也有些家庭工廠傳出陣陣機器的運軋聲，屋外零亂堆放著貨物和廢棄物……。忽而再轉進另一條巷弄，幾個老人家就坐在門口閒聊，夕暉斜斜透射進來，打亮老舊的磚牆，也照亮那一張張佈滿皺紋的臉。

一種久違了的、昔時歲月的溫柔與恍惚漫漾開來。

這是什麼地方呀？當時我感到無限茫惑。

穿越巷弄到了盡頭，竟視野大開，放眼望去，是一望無際的農村景觀，水稻田、甘蔗園、蕃薯田、菜圃、荒草蔓延……彷彿相連到天邊。再過去，似有高低不齊的防潮堤，我停下摩托車，試著從田埂走過去，遠遠地，竟發現農田附近還有大片竹林，竹林旁隱著幾戶「竹篾仔厝」和用木板隨意釘蓋的雜物間，厝旁堆著農具，一個小女孩就蹲在門前撿菜。

暮色一寸寸暗下來。

「能借一下廁所嗎？」我低下腰，不好意思地笑問。

小女孩似乎驚嚇了，一溜煙兒跑掉。

不一會兒，卻見一位與我當時年齡相仿的女子從厝裡走出來，而小女

化學肥料、農藥還未普遍時，社子島蔬菜灌溉用的水肥，大多是靠專運水肥的小船到臺北縣市收購人、豬的排泄物。（攝影/李鳴鵰）

孩就躲在她身後偷偷地笑、好奇地瞧著我。

「聽妹妹說，妳要借廁所啊？可以是可以——」那女子有點害羞地看著我，支支吾吾地指著左後方說：「那是大家共用的，又沒電燈耶！」我朝她所指的方向望去。

離厝約莫三、四公尺處，有一「間」用破損的塑膠片蓋頂、以竹子和廢木片草率紮圍起來的——呃，我知道，那叫茅房吧？幼時曾經去過桃園大園鄉下外婆家，屋外就有間茅房，但到我上小學時，外婆家早已經有現代化廁所，不再用茅房了！而這裡是臺北市吧？誰家裡竟會沒有廁所？還用著舊式茅房？

我一時反應不過來，那年輕女子已在前引導，我內急呀！顧不得其他了，跟在她身後走過去。

能想像嗎？那是我畢生最特別的一次「如廁經驗」，這人家還非常好心地點了蠟燭為我照明。

我因為好奇，如廁後，又厚顏進了人家屋裡去，才是傍晚，室內卻一片漆黑，唯靠牆邊的一扇小窗透入些微光線，角落處安著爐灶就算是廚房了，堪稱家徒四壁，什麼像樣的電器、傢俱都沒有，薄木板隔間裡，只見餐桌、椅子、木板床和蚊帳。

社子島民洪小姐說：「歹勢啦，阮這裡歹所在，不但禁建，也不能接水、接電，厝內連白天都黑暗暗。」我原以為沒電燈，是指因故停電，然

歷史小翻頁

番仔溝與社子島

在老一輩人的記憶裡，番仔溝的位置大約在今天的高速公路與延平北路五段交會處，水道與高速公路平行，是基隆河的一條舊支流，從基隆河貫穿到淡水河，以前進出社子島都必須靠竹筏對渡，日本時代才在此造了一座延平橋，方便居民出入。過去，從番仔溝到今日重陽橋下的地方是漢人重點開墾之地，生活條件、土地利用價值都較高，但腹地不大，人口膨脹後就移向毛少翁社的社地，即現在社子菜市場。番仔溝、基隆河、淡水河包圍著狀似葫蘆形的區域，原本是一座名符其實的島。但是一九七五年為了闢建重慶北路交流道，市政府抽取淡水河沙回填「番仔溝」及廢基隆河道，形成一大片的新生地。從此，社子島便從一個「葫蘆島」變成半島狀與臺北市相連；實際地形地貌，已不能稱為一座島，但為敘述方便，後文仍以社子島稱之。

而不是，是因為此區限建後，不能申請水電，農田灌溉雖有溝渠引取河水，但因河水日漸污染不宜飲用，日常家用就得靠屋前的泵浦汲取地下水，至於電，就沒辦法了，只能靠發電機，但因家貧能省則省，只在必要時才使用。

當時，這裡的居民，似乎都還保有著農家子弟的純樸，對我這個外人毫無防備，十分熱心，發現有陌生人，連隔壁的阿桑都跑出來關心、閒聊，對我的好奇，幾乎有問必答。

道別時，日色雖落，霞光還微微亮，我穿越田埂，騎上摩托車，晚風襲來，把身上的薄外套往後拉扯開來，身後的異域漸行漸遠，而前方殷紫色的天空猶殘留一抹雲霞，泣紅如血。

雖然，我是百分百的臺北人，出生、成長、就學都在臺北市，但當時我並不知道誤闖了什麼地方？只覺得好奇、訝異，有點關心，卻又有點事不關己。

時隔三十多年，我重回此地，那片竹林已經被鏟除，幾間破舊的屋舍也不見了。然而，「社子島」風貌竟幾乎沒有什麼改變，仍像是「庄腳所在」，市容一樣雜亂，主要幹道仍是延平北路，巷弄依舊窄小彎曲，綠野平疇的農村景象中，依舊夾雜著低矮房舍，只是有了更多的違章工廠和鐵皮屋。

聽說從前

定義社子島範圍

昔日廣義的「社子島」（葫蘆島）範圍原本包括社子、葫蘆堵、渡仔頭、三角埔、崙仔頭、後港墘、溪洲底、浮洲仔、中洲埔等村莊，亦即是基隆河道在未河川整治前與淡水河所包夾之番仔溝以北的地區。若用現今行政區分來看，則為士林區的社子里、葫蘆里、葫東里、福順里、富光里、後港里、永平里、倫等里、福安里與富洲里，一九六三年葛樂禮颱風後，實施人臺北防洪計畫，造堤防、改河道——將基隆河河道自舊河道，往西改道約五百公尺，後港里因此被分割出去，已不在廣義的社子地區範圍內。而現今一般媒體所稱的「社子島」範圍，是指禁建後的延平北路七、八、九段地區，僅含福安里、富安里與中洲里（一九九〇年，富安里與中洲里整併為富洲里），因被設定為洪泛區，隔在堤防外，因此早年媒體往往稱之為堤外三里，之後為了容易分辨「社子島開發案」的範圍，才出現了將延平北路七、八、九段區域稱為社子島的狹義說法。

社子人。老照片

早期淡水河河道寬闊，河邊不是只有小船，甚至可駛入大型貨輪。端午節時則會在河上划龍舟。當年船來船往，各聚落都有自己的渡船頭。大屯山系猶如霞光潑墨中的禪者，沉著靜立，守護著這片由淡水河與基隆河沖積而成的沙洲。（照片提供／社子島上浮洲王家）

走過從前，發現社子島的前半生

其實，社子島原本不叫社子島。

認真說來，在老一輩記憶中，只聽說過有葫蘆島，而目前媒體報導或一般民眾所認知、定義的「社子島」，只能說是葫蘆島的一部份——位屬基隆河與淡水河交匯處沖積沙洲的葫蘆頂部至葫蘆腰處——狀似鳥頭（有人形容是鴨頭）的部位，而今人們所稱的社子地區，雖是葫蘆島上的聚落之一，位置並不在一般媒體所稱的「社子島」內。

「社子島」名稱是怎麼來的呢？

這就得先追探葫蘆島的源起了。

翻開歷史扉頁，一般認為最早應可推到清代。

當時的臺北盆地，仍是一片荒莽，在漢人未入墾前，主要是平埔族中的凱達格蘭族人活躍其間，族人多以漁獵維生，僅有少數火耕。

康熙三十四年（一六九五），發生一場大地震，臺北盆地部份地區陷落，形成「康熙臺北湖」。據說，凱達格蘭族人為了躲避水患，曾紛紛遷徙到附近（士林、天母一帶）的高地居住。

雖然清初有「渡台三禁」政策，但因生活困苦，與臺灣隔海相鄰的福建、廣東一帶漢人，仍前仆後繼地偷渡黑水溝（臺灣海峽），歷經凶險，大量湧入臺灣。隨著漢人入台墾拓、伐木熬樟腦，使得河川遭到侵蝕，陷落不深的臺北湖也因為湖積作用，地盤漸漸隆升，而基隆河與淡水河終端交匯處，也浮起一片沙洲……，於是又有族人陸續回來此區漁獵遊耕。

同治年間的《淡水廳志．淡水廳分圖》中，這片沙洲已明顯浮現出來，而且，原本是兩個島，中間還隔著水道，隨著泥沙淤積，兩個沙洲島才漸漸銜接在一起，因為狀似葫蘆，人們就將之取名為葫蘆島（葫蘆的腰身處，即昔日的水道）——也就是「社子島」的前身。

凱達格蘭族麻少翁社的故地

社子地區文史工作者宋旭曜說：「自有文獻記載以來，這裡就是屬於凱達格蘭族麻少翁社的社地。也就是說，島上最早的主人，是平埔族中的凱達格蘭族，清朝時，這座葫蘆狀的沙洲島已形成社子莊聚落，隨著漢人逐漸移入，凱達格蘭族人或因故他遷、或與漢人通婚融合，只留下『社子』這個由『番社』轉譯而來的地名，現在媒體或一般人所稱的社子島，其實只是社子島的一部份。」

若從天空往下看，廣義的社子島（或說葫蘆島），應是位於臺北盆地底部西北側，島的東北邊為基隆河下游，島的西側則為淡水河，隔著番仔溝（在興建高速公路重慶北路交流道時，被填封起來）與大龍峒、大稻埕（即現今之大同區）為鄰。古早以前，大龍峒與大稻埕屬漢人居住的大浪泵社，而過了番仔溝，即是社子麻少翁社的番仔區。

社子地區行政區域演進圖

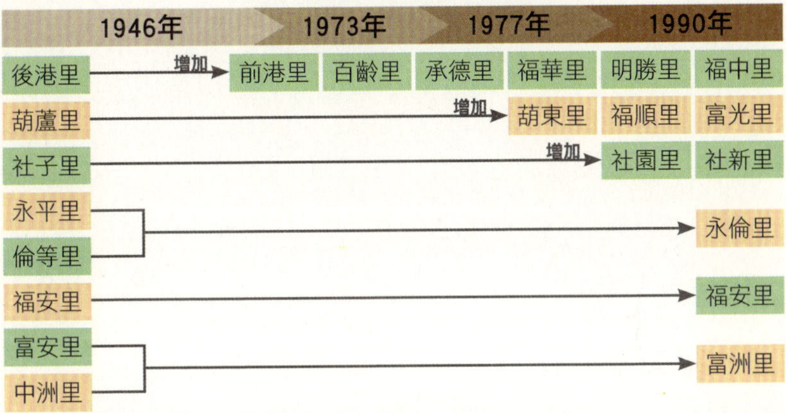

兩河文化　歲月靜好

人類文明常源起於河流，年年氾濫的尼羅河，帶給土壤豐富養分，孕育了古埃及文明；而被喻為聖河的恆河，則造就了印度文明的歷史輝煌。

被臺北盆地內兩條河川——淡水河與基隆河環繞的社子島，也在時間的長流裡，曾經建立了人類與大自然融合、與水共生的美好生活。

社子島富洲里里長李賜福說：「古早時代，這裡的居民若要出門，或是遇到拜拜鬧熱、嫁娶請客，不

社子與士林之間的基隆河道尚未截彎取直之前，當地居民來往社子與士林之間大多是利用社子吊橋，僅供行人與自行車通行。1985年基隆河廢河道整治完成規劃，社子吊橋隨即遭拆除，只留下昔日照片供今人憑弔。

（攝影/李鳴鵰）

管是蘆洲那邊的親戚過來，還是阮這邊的人過去，攏嘛是坐船……」

社子島菜農蔡阿伯說：「在社子吊橋還沒蓋好以前，農民種菜收成以後，就用船運出去，到附近的市場販賣。農民靠天吃飯，雖然辛苦，但是經濟還算不錯，臺北市外圍地方的人都還在喝茶枝泡的茶，阮們這裡已經是泡茶葉了！」

日治時期，日本人有計畫地將臺北城建設為臺灣政治經濟中心，積極建設，吸納許多外來人口移入。而都市化的過程中，盆地內部各聚落原有的農地逐漸消失，糧食需求量卻不斷增加，無法自給自足，必須由外圍郊區補給。隔著番仔溝與臺北相鄰的社子島就成了重要的供應區。這也是社子島進入農業時期的開始。

據瞭解，當時（一九三〇年代）葫蘆、後港地區大部份居民以種稻維生，沿基隆河岸地區的社子、永平、倫等、福安、富安、中洲等地區則多以旱作為主，農田與農田間，就以水錦仔（九重葛）為界。河岸北側，種了很多木麻黃阻擋東北季風；而部份後港地區（基隆河和大部份淡水河沿岸）的居民則仍以漁撈及船運維生。

島上所生產的稻米、番薯、甘蔗、蔬菜等，主要是供應臺北市，尤以不耐遠程搬運的蔬菜、花卉等農作物為大宗。

日治時代以前，社子島居民對外大都以船為主要的交通工具，各聚落都有自己的渡船頭。不過，當年船來船往熱鬧景象，在附近河域逐年污染、淤積，加上長期禁建、堤防蓋起來後，漸漸消失，即連當地耆老也只能用模糊印象指出部份渡船頭的大概位置。

社子島民王寶娟說：「從家族老照片裡可看到，當時河邊不只有小船、菜船，還常會有大船入港，看過紅頭船和三支帆的過洋船。」

有了吊橋就可以搭火車到臺北

這種情形一直延續到一九三〇年代，當地政府與士紳發動壯丁團勞動開闢延平北路，並興建了一條橫跨基隆河、由後港通往士林的鋼索吊橋

（即社子吊橋，也有人稱士林吊橋，一九三七年動工興建，一九三九年三月竣工啟用，一九八五年拆除。），可供人與自行車通行，從此居民要進入臺北市上班、上學或辦事，就可以從吊橋繞道士林，搭火車、汽車到臺北市區。或是從延平北路步行到番仔溝，搭渡船進入大龍峒，抵達臺北橋下的渡船頭，再步行進入大稻埕。

光復後，一九六二年陽明山管理局在社子島的葫蘆堵通往大龍峒的「番仔溝」上建造了延平橋（一九七五年番仔溝填平工程時拆除），從此居民就可以直接經由大龍峒（大同區）進入臺北市。

社子島民李春說：「小時候這裡完全沒有汽車，還沒入夜，四周就靜悄悄的……清晨三、四點，聽到雞啼，天都還沒亮，就要起床幫父親推著載滿蔬菜的「力仔卡」出門，大圳溝邊兩旁都是綠油油的農田，把力仔卡推上社子吊橋，很辛苦，下了吊橋，沿著大南路直走，就可以到士林市場，有時候，也會經由延平橋送到太平市場……。」

水肥往事，有趣佚聞

社子島菜農陳阿萬說：「以前種菜都是用水肥，種出來的菜，又漂亮又安全，自家水肥不夠用，還要花錢去買。」

化學肥料、農藥施用還未普遍時，社子島蔬菜灌溉用的水肥，大多是靠專運水肥的水肥車，到臺北縣市收購人、豬的排泄物，農民們也會在自己的田地間、厝外設置糞坑儲存水肥。當時，臺北市環保清潔隊及水肥處第一隊，曾在社子島上設分隊，利用淡水河的河運，收集臺北市區的水肥，供應社子島「蔬菜專業區」農業使用。

提到「水肥」，人們或許覺惡臭難聞？但關於社子島的「水肥往事」，卻曾發生過一段「美其名」的有趣迭聞。

據說，那時候公車路線終於要開進社子島了（早年公車只開到延平北路七段頭），設立公車站牌時，當地人覺得「水肥隊」名稱不雅，就取名為「臨江園」，延用至今。目前富安國小外，還設有「臨江園」的站牌。

社子人。老照片

王家是社子島的望族，早在清朝打造了社子島第一棟洋房，被文資會指定為歷史建築，一百多年過去了，家族至今仍定居於此，這些珍貴的家族老照片，真實呈現社子島人的生活面貌，也是社子島的時代記憶。（照片提供／社子島上浮洲王家）

外地人來到這裡，或許會好奇附近是否曾有過美麗的山水庭園吧？

有一回，朋友陪我到社子島採訪時，就曾疑惑，聽我解說站牌名來源後，她還是滿臉茫然，直問：「為什麼要叫臨江園？總該有些依據和道理吧？」我捉狹地笑說：「這名字取得可有學問了！」她追問，我故意賣關子，跳上腳踏車，穿過巷弄，朝著河岸方向快騎而去。

三、兩下就到堤防邊，她也騎車追上來。

眼前視野開闊，春寒料峭，早播的農田怡然快綠，一位農婦卻不怕冷，雙袖撩上肘際，彎腰整理著苗圃。堤防外，天空線廣袤無礙，河面清朗，襯映著天的藍、雲的白。「啊！我懂了！」她恍然大悟，與我相視而笑！

是嘛！還有什麼名稱比臨、江、園，更能貼切詮釋這一大片春水依依環繞的自然田園？

社子島上，水來說故事

走在堤防上，遠眺觀音，江山如畫，再往前去，關渡平原隔水相望。河對岸，臺北盆地邊緣的衛星城市早已高樓林立，而社子島上的農村景象，卻似毫不理會時代的匆忙，在河川擁抱下，節奏依舊游哉悠緩……。

腦海中，忽而冒出一句話：「上善若水，水善利萬物而不爭，處為人之所惡，故幾於道。」（語出老子《道德經》第八章）

水，淵博沉靜，滋養民生萬物，不求回報，是農耕社會最重要的資源，缺乏水源，就無法灌溉，無法耕種、收穫，就沒有糧食，先民就無以生存。因而自古以來，人類在大自然裡尋找安身立命的可能，聚落的發展無不依水而存。早期漢人入台拓墾，就常因爭水，時起衝突，包括漳泉械鬥的導火線也不例外！

雙河沖積、孕生的社子島，地勢低窪，有些地方甚至海拔等於或低於海平面。早期聚落主要分布在地勢較高的淡水河沿岸，以及一小段的基隆河沿岸，中央區域偏東一直延伸到基隆河岸，則是地勢相對低窪處。

據當地人回憶，每到漲潮時間，許多地方就會「自然」淹水、或積水，小朋友們放學時，常得脫下鞋子拎在手上，踩過積水、泥濘地走回家。而夏季午后，常忽然下起氣勢滂沱的西北雨，為了安全，區內的學校也從善如流，提早放學，讓孩子們能避開風雨。

坤天亭創基耆老ㄚㄨ阿伯說：「九段（指延平北路九段）附近，以前主要是種芋田，像古早人講ㄟ：「初一、十五，吃道（中餐時分）才貼肚。」中午十二點會準時淹水，若初一、十五大潮，船可以直開到岸邊，民眾不必脫鞋就能上船；但若是退潮時間，例如下午兩、三點，潮水漸漸退去後，地面就變成沼澤了，就得脫下鞋子，赤腳踩著爛泥巴才能走到碼頭去搭船。」

水，在這裡豐沛、不虞匱乏。

先民不為水爭，學會與水共生。每天潮汐變化，水來水去，並不構成生活的威脅，反而滋潤著當地獨特的庶民文化。

威靈廟幹事林許美雪說：「那時候，船可以直接開到岸邊，連外人都搭船來威靈廟（主祀神明為囝仔公）廟行香，廟口很熱鬧，飲食店、水果店、青草店……，算算至少有二、三十間……。」

然而，「水的故事」在社子島上演，情節高潮迭起，卻非僅是歲月無爭、恬適怡然，能載舟的水，亦能覆舟，能利民生，也能覆滅生存。

當風雲驟變，天地也為之震撼！

一九六三年九月十日，葛樂禮颱風狂襲北臺灣，單日降雨量達一千毫米，加上石門水庫啟用第一次大洩洪，每秒一萬立方公尺的超大水量，透過淡水河上游大漢溪狂傾而下，導致大臺北（包括三重、蘆洲、五股、士林及北投等）許多低窪地區淹水超過一樓高，總計造成約一萬四千間房屋全倒，社子地區更是受創嚴重，泡水三天，數十人傷亡。

而這場劇烈風暴，也將社子島的命運瞬間打翻，從此被政府設定為滯洪區，揹負起大臺北地區的防洪十字架，開始了近乎半世紀的起伏跌宕……。

2 囚禁半世紀，被遺忘的孤島

一九七〇年社子島被列為洪泛區，停止島上一切建設，土地建物限制開發，房屋也不能改建，不能申請水電，居民如要搬進來得寫切結書。像是一道緊箍咒，箝制住社子島，從此被長期拘禁。

堤外三里遇大雨則淹，颱風一來水深過膝、沒水斷電，即使家當損失慘重，樂天、純樸的社子人，仍苦中作樂，接雨水洗澡、划小游泳池當交通工具……

（圖片提供/中央社）

兩河環繞，曾經為社子島譜出富足純樸的田園交響曲。然而，葛樂禮颱風卻打亂了音符，原有的恬美曲式也將隨之變調。一九六七年內政部核定社子島為「滯洪區」，限制區內人口增加及土地利用。

一九七〇年經濟部在「臺北地區防洪計畫」中，將社子島列為洪泛區，停止島上一切建設，土地建物限制開發，房屋也不能改建，不能申請水電，電力公司及自來水公司也不能幫居民接水電，居民如要搬進來得寫切結書。

短短幾行從歷史資料裡整理出來的文字，敘述起來，清晰簡單，卻像一道緊箍咒，箝制住社子島，從此被長期拘禁，爹爹不疼、姥姥不愛，彷彿棄嬰般被遺忘、忽視。

據說，當年行政院成立「臺北防洪計畫審核小組」時，最初也曾想將「堤外三里」列入高保護區，讓基隆河出口改道由福安里匯入淡水河，但後來經水工模型試驗，發現上游水位比其他地方來得高而捨棄，最後仍決定將「堤外三里」核定為滯洪區。

政策確定後，為了避免大臺北地區直接被洪水衝擊，社子外圍沿基隆河與淡水河畔先是築起了高高的堤防（士林堤防、社子堤防、堵仔頭堤防），將葫蘆、永平、社子、倫等四里納入堤防之內。

堤內和臺北市區一樣都屬於「大臺北防洪計畫」的高保護區，而福安、中洲、富安三里（後整併為福安、富洲二里，即今日的延平北路七、八、九段），則被劃到堤外，定位為讓洪水滯留的洪泛區，因為基隆河和淡水河的河道在這段太窄了，萬一洪水無法快速排除，那麼在高堤之外的地區，可能就將成為河面了！

敢說不，明天就去港裡撈屍體吧！

此期間，還有幾件事值得一提。

當時許多專家認為，大漢溪匯入淡水河，來到此段河幅太窄，河水宣洩不及，加上基隆河在士林地區的河道彎曲不利於洩洪，都是造成大淹水

1963年9月10日，葛樂禮颱風狂襲北臺灣，單日降雨量達1000毫米，加上石門水庫大洩洪，每秒10,000立方公尺的超大水量，導致大臺北許多低窪地區淹水超過一樓高，總計約造成14,000間房屋全倒，社子地區更是受創嚴重，泡水三天，數十人傷亡。

（圖片提供/中央社）

五華樂器號
金玉山銀樓
西藥
金台鐘錶行
天興西藥房
時美鐘錶銀樓
往台北

的主要元兇，於是，政府立即著手進行淡水河與基隆河的整治工程。一九六四年榮工處炸開淡水河位於五股與關渡間的獅子頭隘口「鳥踏石」。這裡是淡水河河道在臺北盆地最窄之處，將河寬一下子由四五〇公尺，拓寬成五五〇公尺，以利河水快速排放至出海口。

同年行政院核定基隆河下游自圓山鐵路橋至社子島間辦理截彎取直工程。次年（一九六五）委由榮工處承包施工，許多五十歲以上的當地居民大多對這段往事都還有印象。

文史工作者宋旭曜說，來開挖新河道大都是老芋仔（退伍老兵），聽說要把舊河道往西移五百公尺。那時候的行政院長嚴家淦和臺灣省政府主席黃杰也有來巡視。那時的土地不值錢啦，徵收的確實價格已經忘了，好像是土地一坪六十元，地上物一坪五元，一些農民的土地和房子被徵收，哭啊！可是政府強要，誰敢說不？明天就去港裡撈屍體吧！

在地居民對這段往事的描述，或許稍嫌誇張。但仔細想想，當年還在戒嚴時期，二二八事件、白色恐怖的陰影或許仍在老農們心中殘留吧！當慣了順民，即使滿腹委屈、怨氣，也只能往肚裡吞。

完成土地徵收後，政府對基隆河進行了首次截彎取直工程，委託「行政院國軍退除役官兵輔導委員會榮民工程事業管理處北部地區工程處」辦理。將環繞劍潭與士林的舊河道填平，另在社子島上開鑿一條新河道，將基隆河這段河道拉直，並在新河道上建造了百齡橋以利兩地之間的交通。

士林夜市旁的基隆河舊河道在截彎取直改道工程後，原本計畫要開闢成人工湖，後來因為缺乏經費，於一九七九年填平，也就是後來的基河路和士商路。一九八二年繼續進行「基隆河廢河道改善利用計畫工程」，往昔連通社子島與士林地區的社子吊橋也在這個階段被拆除了！

問題解決了嗎？

不！甭說解決，情況非但沒有改善，反而衍生新的困擾。

獅子頭隘口被炸開後，河幅變寬，洪水雖然能快速排放，卻也同時導

1963年9月12日，葛樂禮颱風的第三天，社子島大部份地區已被滾滾洪水吞噬。

（圖片提供/中央社）

致海水侵入，關渡紅樹林原是良田，但潮水一來，卻造成淹水危機；更糟的是，原本離隘口三、四百公尺的社子島，雖然地勢低窪，過去潮汐漲落還都是河水（淡水），但從此只要颱風加上漲潮，往往就會海水倒灌。除了島上一定會淹水外，也導致土壤塩化，許多原本適合種菜的土地，菜漸漸種不起來，而土地良田流失崩坍，地貌因此改變。據當地人表示，半世紀前，中洲地區土地約兩百公頃，現在只剩七十公頃。

雖沒有確切的測量數據或官方資料可以佐證，但老農民們談起往事，都一臉無奈、心酸。

社子島民林慶章說：

「全區四百多甲的菜園，被急流威脅，農作物損失嚴重，做田人每天吹風打雨，辛苦流汗沒採工（台語：白費了）！」

「大水湧來，我緊走（快跑），回頭看，田園像糕餅一樣崩塌、碎開，被捲進河裡。」

此外，基隆河進行截彎取直工程後，環繞劍潭與士林的舊河道被填平，拉直了基隆河，雖然有利於洩洪，但也意味著，洪水來襲時，也會加速抵達社子島，增加了社子島的水患風險。

當時島上居民大多是以務農維生，面對田園不斷流失、居處逢水必淹的慘狀，老農民們欲哭無淚！還有島上六千多居民的身家性命、財產安全該怎麼？（根據戶政資料，當時島上居民約僅六千多人）

記者陪同市長走過災難現場

此期間，為了緩解問題，陽明山管理局雖曾撥款、配合居民義務勞動，在富安里（當時富安里與中洲里尚未整併）基隆河岸建造了兩千公尺的土堤，但這一岸補強了，另一岸卻還陷在困境中。

由於陽明山管理局財源有限，因此淡水河岸的防潮堤暫時無法一併建造，使得每遇颱風來襲時，中洲里及福安里淹水災情就會相對嚴重。

問題迫在眉睫，然而此區已被列為限制發展的洪泛區，停止一切建

1964年行政院核定基隆河下游自圓山鐵路橋至社子島間辦理截彎取直工程。次年（1965年）委由榮工處承包施工。（圖片提供/中央社）

設，地方政府依法行事，既無法源、也就無可能編列預算來協助居民改善困境。

有一年，颱風來襲時，民族晚報記者謝坤仁曾冒著風雨到社子島採訪，只見到處一片汪洋，根本無法通行。

文史工作者宋旭曜說：「政府根本不管我們，有記者願意來關心，足感心吶！當時的里長王萬來就揹記者到淹水地區照相。」

除了島上鄉親的描述外，當時的新聞報導也記載了這段經歷。謝坤仁所寫的專題報導，引起當時的臺北市長張豐緒高度關注，即刻安排時間，由謝坤仁陪同多次來到社子島視察，走進災難現場，眼見活生生的人間苦難，稍有仁心者，豈能不動容？

大家長發話了，事情才好辦，底層官員們等因奉此，也就稍能為地方做點事。

一九七三年臺北市政府提撥預算，興建、完成了標高二．五公尺的社子、中洲及浮洲三處防潮堤。一九七七年，將防潮堤高一尺。一九七八年配合基隆河洲美防潮堤防之興建，把社子、中洲與浮洲三處防潮堤加高到四公尺。

然而，相較於臺北盆地周邊漸漸築起兩百年洪泛標準的水泥高堤，不管堤外的防潮堤是二．五公尺或是四公尺，只要颱風引發洪水襲來，社子島一樣首當其衝得先遭殃。

受到如此待遇，鄉親難道不抗議

在走訪社子島，瞭解這段歷史的過程中，我曾經好奇：「受到如此不平等待遇，社子島鄉親難道都不抗議？」於是，我逢人就問，並大量翻查數十年前、社子島淪為洪泛區禁建之初的媒體報導，發現在一九八〇年代之前，幾乎找不到居民上街頭抗議的新聞。

或許，農民們向來樂天知命，習慣了逆來順受。只要還能有一口飯吃，就心滿意足，所以雖然家園被列為洪泛區，在初期，農田還是可以耕作、

榮工處為了開挖基隆河新的河道，特別購買一艘全新的挖泥船，省政府主席黃杰在啟用典禮時命名為大禹號。

（圖片提供/中央社）

一些年長的社子島民還記得基隆河士林社子段截彎取直工程時，行政院長嚴家淦和臺灣省政府主席黃杰都來巡視過。工程主要是把舊河道往西移500公尺。

（圖片提供/中央社）

維生，沒有被強制遷離，住著簡陋的木屋、磚房，生活似乎也沒什麼改變，照樣日出而作，日落而息。

但是，只要「大臺北防洪計畫」尚未成功，社子島的命運就隨時可能遭到威脅。

一九八六年三月間的某一天，社子島街頭突然一陣騷動。

原來市府養工處計畫進行渡頭堤防工程建水閘門，將渡頭堤防與社子堤防連接起來。如此一來，社子島對外交通將完全斷絕；一旦洪水來臨，水閘門關閉，居民將無處可逃。

前社子島福安里里長楊明照說：「那天養工處的機具、怪手都到現場，已經開始打樁，我聽到消息，趕快透過廣播放送，呼籲里民站出來。」當時，許多里民聽到放送聲，紛紛衝出來聲援，一路呼朋引伴，人潮愈聚愈多，一些正在田裡忙碌的農民們，也赤足荷鋤地匆匆趕到。在楊明照里長的帶領下，鄉親們衝往施工現場（延平北路六、七段分界處），把工程人員團團圍住，有些激動的鄉親大聲吶喊，用身體去阻擋打樁機具和怪手，情況一度凌亂。

再鬧下去，恐怕要出人命了，市府官員只好先妥協，讓工程人員們草草收工，留下現場一片凌亂。

但問題不能放任不管，鄉親們議論紛紛，商討對策。

一九八六年社子水門事件

一九八六年三月十日就在臺北市議會第一天開議時，一百八十多位堤外三里的鄉親們集體到市議會請願，要求臺北市政府暫停建造渡頭堤防加高工程的水閘門。這件事引起媒體關注，不少報社記者趕到現場，居民代表在接受採訪時，激動地表示，過去洪水來襲時，還可以從渡頭堤防逃到堤防內。當渡頭、三重、蘆洲、圓山、大龍峒等處的堤防，都將加高到一〇．五公尺，工程已經在積極進行中，水量是固定的，社子防潮堤只有四公尺，一旦颱風來襲，堤外洪水氾濫會更嚴重。而且若渡頭堤防的水門也

二重疏洪道的開鑿與否，不但掀起正反雙方的論戰，也引發了臺灣自1949年宣布戒嚴令之後，第一宗群眾抗議示威活動事件。連帶的也為當年兩個政治新星李登輝、林洋港政治生涯的浮沉，帶來無限的影響。（圖片提供/中央社）

電話買賣
9801122
9802233

建造完成後，當洪水來襲，水門關閉，一萬多居民將無處逃生。

針對這樣的問題，市府養工處也接媒體採訪，做出解釋：「（當時）今年將進行社子堤防（非指堤外的防潮堤，而是保護堤內與臺北市的水泥高堤）加高工程至圓山動物園，若不關建水門，則兩邊堤防（渡頭、社子堤防）連接起來，社子島對外交通將完全斷絕，所以一定要建造水門。」

這樣的描述乍聽之下，彷彿是在為堤外居民著想，意思是說，當渡頭與社子堤防都加高連接起來以後，被列為洪泛區的延平北路七、八、九段地區，就會完全被封鎖在高堤外，設水門是為了幫居民留個「活口」，以便洪水來襲時，還有出口可以逃命！

站在不同的角度、詮釋也就不同。以公部門立場，築堤是要保護大臺北市的安全，而堤外原就是不被政策保護的，設水門是「法外開恩」，彷彿施惠於堤外三里的鄉親？而就堤外鄉親而言，他們也是臺北市民，難道命就比較不值錢？

雖然市府強調，當洪水來臨，會提早疏散居民，再關閉水門，居民卻擔心，洪水來得又快又急，設若來不及疏散時，水門一關，將無處可逃。

社子居民楊明照說：「我問政府一句就好啦，若是你或者是你的子女、親人住在堤外，又沒有能力搬到堤外的臺北市區買房子住，你是什麼感受？水門雖然沒做，但是氣象報告預測有颱風要來啊！政府就載沙包，要把七段頭的路口圍起來，那次我們一大群人跑去理論。」

由於居民強烈抗爭，政府讓步了，終究沒有將渡頭堤防和社子堤防連起來，改在兩邊圍堤之間的計畫現址（堤內、堤外的分界處），把路面填高成雙斜坡至今延平北路六、七段間，仍可清楚看見路面兩邊雙斜坡的高低落差。

有一回，我在威靈廟採訪，鄉親們聊起這些往事，猶義憤填膺。

洪流主要衝擊點就在社子島

「水門事件」雖然平和落幕，但「築堤事件」卻愈演愈烈！

在大批員警的戒備下，施工隊開始強制拆除二重疏洪道預定地上洲後村的民宅。
（圖片提供/中央社）

事實上在被畫為洪泛區後，社子島居民或許怒不敢言，但地方上從未停止透過各種管道向政府請求築堤保護的願望，也曾在市議員領導下，邀請市長及執政黨團人士到社子島視察、聽取民眾意見，這些政府官員們眼見防潮堤數處破損，堤外一片髒亂，對岸蘆洲焚燒垃圾飄過來陣陣惡臭，皆允諾會盡力爭取修築堤防。政治人物話說得漂亮，但提到如何落實？何時落實？公部門要不是踢皮球、要不就是虛應故事。

滑稽的是，一九八六年三月十五日多家報社新聞指出：臺北市政府請台大土木工研究所研究社子島畫為保護區的可行性（畫為保護區，才能築堤保護），結果是可行的。但不久，差不多同樣的幾家報社又披露有關單位也曾先後委請不同學者對社子島詳加評估，答案卻是一可行，另一不可行，兩則報導前後只差一個月時間。

研究試驗相互矛盾，地方中央不同調

《聯合報》一九八六年六月三日報導：「臺北市長許水德本月下旬參加全國行政會議時，將再度向中央爭取築堤保護社子地區，水資會水工模型試驗結果，認為社子島築堤有順化流況、加速排洪及降低水位效果。」

但一九八六年七月六日，卻又有《中國時報》報導：經濟部水資源委員會擬定「第三期臺北地區防洪計畫」，委託學術單位進行「大臺北地區防洪整體數值模式研究」，初步認為社子地區短期內不應再新建堤防，以免危及臺北地區整體之防洪安全。水資會認為，臺北市府在社子島先後完成標高四公尺的堤防，已可防雨季及平均五年一次的洪災。

四天後，《中國時報》卻又報導：六月二十六日許水德市長雖在全國行政會議舉行時，再次提出社子島築堤計畫，經濟部表示將在六月底有結論，但至今仍無下文，有關單位也未說明。

表面看來，市府立場似乎和社子島居民一致，曾多次表態極力透過各種管道向中央反應，儘早核定築堤計畫。公部門（無論是地方或中央）也屢次委請學術專業的研究及試驗，但結果不僅相互矛盾，而且地方與中央不同調，究竟是國家機器錯亂？亦或媒體瞎掰亂寫？

而隨著三重、蘆洲堤防、社子堤防相繼完成，洪水分擔區域縮小了，只能溢向社子島，當地防潮堤溢洪的情況明顯增加，有些報紙形容得相當驚悚：「延平北路七、八、九段社子堤外地區，就像一座孤島，隨時有陸沉的危險。」

也就是說，當五股、泰山等地，在修建堤防、山坡地開發、及工業區填土後，洪水能流竄的地方已不多，臺北盆地集洪區日益縮小，如果在社子島築堤保護，可能影響三重、臺北市地區的安全，這也正是經濟部水資會所擔心的。據瞭解，水資會做的大臺北地區水工模型試驗，水流主要衝擊點就在社子島方向，可見當地十八年來雖冒險渡過，今後維持現狀將冒更大的危險。一九八五年尼爾森颱風來襲時，淡水河及基隆河洪流只差一台尺就溢過防潮堤，情況相當緊急。當時，島上居民仍多數種菜維生，居住不可能離太遠，而洪水的上漲，又快又急，當發現危險時，可能已經來不及反應，幸虧那次洪水沒有破堤。

據說當時有官員曾私下透露，「社子島築堤」遲未定案，可能是因為若社子島築堤後，遇洪水水位過高時，將影響正在開發的五股工業區。

許市長請救救社子島！

而此期間，隨著時代發展，臺灣人對民主的渴望日愈殷切，社會運動在各個角落如火如荼展開，如風吹草偃，引發許多激烈衝突的流血事件。見勢不可擋，當時的總統蔣經國宣布一九八七年七月十五日起解嚴，長達三十八年又五十六天的戒嚴時期終於走入歷史。鄉親們為「社子島築堤請命」的抗爭行動，也在這樣的時代氛圍裡逐漸發酵。一九八七年七、八月間，社子島堤外三里的居民數度集結，衝撞市府請願。

七月二十二日約有二、三百位島上居民一大早就分乘四部遊覽車趕到市府大樓，陰沉天空下，群眾一字排開，舉著抗議布條，斗大的字寫著「大臺北三百萬人生命雖可貴，難道社子島一萬六千人生命不值錢嗎？」，男女老少頭戴斗笠，高舉寫著「許市長，請救救社子島！」、「恨」、「怨」等字樣的標語，向市府陳情還給社子島民一條生路。

警方嚴陣以待，此時天空開始下雨，群眾為了躲雨，紛紛往市府大門口移動，卻被警方阻擋，民眾開始騷動，有人喊進喊衝，與警方爆發嚴重推擠，也有些民眾一度想硬闖市長室，卻被駐衛警擋在大門外，憤怒的叫罵聲持續不斷，現場一片混亂，從九點多僵持到十一點多，顏錦福、謝長廷等議員也趕到現場協調。

十二點二十分，民眾決定轉向行政院陳情，在抗議布條、標語前導下，慢慢前進，經由長安西路轉往中山北路，抵達忠孝東路一段一號的行政院，大批警力已在門口戒備，雙方僵持到下午兩點多，抗議民眾才離去。

隔了幾天，請願行動再次上街頭，陣仗更大，人數更多，不僅是遊覽車了，約有四百名社子島居民扶老攜幼，身穿寫著「怨」字的白上衣，頭戴寫著「社子島」的斗笠，分乘掛滿寫著「築堤保護社子島」抗議布條的六輛遊覽車、三輛卡車及十輛鐵牛車，浩浩蕩蕩出發，上午八點半左右，抵達市府。

為何繳同樣的稅，卻淪為二等公民？

鐵牛車上陣，車速緩慢，在市府前造成交通混亂，警察出面干預、疏導交通，引起高舉抗議標語的民眾不滿，雙方又發生激烈口角和擠撞。

「當地居民也有當兵、納稅，為什麼不能和臺北市民享有同樣的權利？」

「前幾天颱風過境，我們都提心吊膽，徹夜未眠，有的一家三代十幾口的人，擠在兩坪大的房子內，還要放著臉盆接屋頂漏水，市政府對待我們連豬牛都不如……」居民們接受記者採訪或圍觀群眾的好奇探問時，說著說著不禁哽咽落淚。

1987年9月行政院核定「社子島築堤保護方案」，防洪堤從4公尺加高到6公尺。1989年6月30日開始動工，直到1997年才完工。（圖片提供/中央社）

KATO
社子島防潮

一九八七年七月二十九日《中國時報》：「許水德在市府簡報室大發雷霆，指責社子島請願居民代表不該以不當的請願方式，造成市府為該地力爭效果的降低，並指示對違規「鐵牛拼裝車」開出罰單，以示薄懲。」

對鐵牛車祭出罰單？哈！怎麼感覺此舉很爆笑？社子島民非但沒有因而怯步，反倒在八月十一日發動更大規模的抗議行動，集合六百多人分乘八部遊覽車、十五輛鐵牛車和三輛發財車上街頭，警方出動百餘名警力，沿途攔截，卻擋不住，最後反而變成由警車前導，並沿途疏導交通。

居民揚言只要問題沒解決，每月農曆初三、十七都要展開陳情。為什麼選在初三、十七？不禁好奇探問，農民們搔搔腦袋，憨笑說：「其他日子要耕作，而民間習俗在初二、十六拜土地公，初三、十七市場『禁屠』休市，不必採收蔬菜到市場販售，所以比較有空啦！」

前福安里里長楊明照說：「在此之前，社子島居民的抗議請願，都只是請求把堤防加高到六公尺，保護身家性命安全，沒有其他訴求，但漸漸地，大家懂得要求公平對待了！」

若檢閱一下歷史資料，將發現一九七三年～一九七八年堤外地區的防潮堤是逐步加高到四公尺了，但居民希望再加高到六公尺的請願，卻像是一場長期抗戰，幾乎拖了十年，得不到正面回應。

過程中，從第一屆市議員開始，幾乎每屆由士林區選出的議員，都在會中提出質詢。然而，中央皆以「社子島築堤將影響大臺北區防洪計畫」為由，一再駁回。

不敢加高堤防，難道是與採砂集團有勾結？

在差不多相同的時段裡，日益嚴重的社子島抽砂場問題，也浮上檯面，與社子島築堤請願事件，似乎隱約有些關係，讓人產生聯想。

當年社子島彷若三不管地帶，區內充斥著抽砂場，而且違規超抽的情形嚴重，導致地層下陷，非但曾造成社子島防潮堤兩度嚴重崩塌，忠孝橋、關渡橋橋墩也一度被掏空，岌岌可危。連淡水河八里渡船頭輸電廠也下陷

四．一公尺，台電曾函請有關單位正視問題的嚴重性。

此外，卡車超載砂石的情形，更對社子島居民造成嚴重困擾。

載砂石的大卡車為了多賺點錢，裝載超高超重是稀鬆平常的，往往砂才從河裡抽出還在滴水就急著裝運，沿途滴漏，所經之處，路面常因車斗流下的濕砂造成泥濘，而風一吹，塵土飛揚，幾乎無法視物。

砂石車常呼嘯而過，險象環生，騎摩托車在後面，根本看不到前面，而且出門要戴口罩。前福安里里長楊明照說：「當時堤外三里存在著整體性的問題，外有三重市垃圾傾倒於淡水河邊，內有抽砂場違規抽砂，再這樣下去，堤外三里居民都要游泳了。」

在准許採河砂的年代裡，雖然市府明訂管理辦法，並設立檢查站、地磅、甚至有水利警察，卻形同虛設，業者照樣超量盜採砂石，而載砂卡車照樣超載、超速、滲漏無人管理，讓社子島居民飽受環境污染、噪音、車禍、地層下陷等威脅。

當時盛傳一種說法，社子島築高堤防，會使抽砂難以進行，將損及區內砂石業者的利益。因此曾有居民憤慨地說：「難道官員不敢加高社子島堤防是與採砂集團有勾結?」這話雖沒有憑證,但據悉內情的人表示,當時有些地方頭人、里長、甚至市議員本身就經營著砂石場,還有不少島上居民作為採砂工人維生。

這種情形持續了二十多年,終於一九八五年市政府信誓旦旦,決定收回河川地,做為河邊公共設施,下令全面禁採砂石,並指示市警局、環保局、工務局養工處聯合組成「淡水河禁止盜採砂石臨時任務查緝小組」,加強取締行動,但區內盜砂車仍公然出入,執法單位視若無睹。有些居民陳情檢舉,卻不敢具名,恐危及身家性命,僅署名中洲里一帶愚民。

洗砂場形同禁區

而且,上有政策、下有對策,社子島砂石業者改以申請「臨時用水」執照,企圖瞞天過海,暗中繼續盜砂行為,市府雖已嚴格取締,並在路口

2004年5月，臺北市政府舉行跨區防汛演習，模擬臺北遭遇納莉颱風同等級的水災，工程人員正在社子島防洪堤上演練修復壩堤的課目。（圖片提供/中央社）

TAIPEI

設檢查站，砂石場業者卻派人放哨把風，監視市府查緝人員行動，利用夜間盜採砂石，一旦發現緝查小組出動，立即停止盜採規避取締。

此外，每逢假日，尤其是遇到天氣好，業者就趁養工處人員休假，紛紛開機盜採，原本荒僻寂靜的淡水河與基隆河邊，頓時又熱鬧起來。五、六家洗砂場抽砂機器轉動之聲此起彼落，洗砂場的管線與河中下錨的採砂船連成一體，淡水河的黑色河砂就這樣在機器傳動聲中，源源不斷被抽上岸，堆積成金字塔，載運河砂的大卡車不時進出砂石場，裝滿河砂後立即掉頭，揚起砂塵急駛而去。

洗砂場形同禁區，一有「外人」進入，就會遭到採砂業者聘雇的人員恐嚇、盤問，甚至有前往約會的情侶遭到毆打，連士林分檢處數位檢察官前往實地勘查時，也遭到類似情形。

有一回，一位檢查官帶書記開私人轎車前往，車開到「禁區」口，為躲避對方的惡行相向，趕緊調頭離開現場。又有一回，一位檢察官帶著兩名刑警駕公務車前往，在基隆河沿岸勘現時，突遭一名惡漢向前盤問，並揚言若不立即離開現場，即開推土機將他們推入河裡。令人髮指的惡劣行徑，還差點鬧出人命！

一九八八年十二月二十三日《中國時報》：「養工處河巡隊四名執勤隊員，日前於社子堤外東峻砂場取締盜砂時，發現東峻砂場有盜砂嫌疑，正欲上前取締時，工寮內突衝出一人跳上推土機，直接開動衝向巡防員，眾人見狀急忙閃躲，但推土機竟來回衝撞，幸好巡防員跑得快，才沒遭到輾斃，案發後，向管區社子派出所報案，值勤警員竟答：都出去巡邏了，沒空。」囂張行徑，經媒體披露，駭人聽聞的大標題「業者雇用黑道份子，連法院檢察官和河巡隊員都險遭砂場堆土機駕駛謀殺」，引起各界嘩然，輿論撻伐，政府高層也無法繼續坐視了！

未來，還是個未知數！

政府決心嚴懲，雷厲風行，經濟部收回堤外領有核發的「臨時用水」

執照，砂場失去護身符，「盜採河砂事件」終於落幕。但那是後話了！

此期間，社子島民仍多次自力救濟、四處請願，到了一九七六年八月間，當時的經濟部政務次長李模首次對外坦言是決策上的誤失，中央態度似乎已開始鬆動。

誠如曾擔任市府祕書長多年的馬鎮方在接受媒體採訪時所說的，北區防洪計畫和現存法規規定，社子島想築堤保護，若未蒙中央以政策性決定授權給市府，內政部不可能核准。也就是說，依法絕不可能成功，當地一萬多居民的現存問題要解決，除非市府有能力將當地居民全部搬遷，否則只有站在情理的立場，想辦法突破法令限制。

就在社子島築堤加高到六公尺似有眉目之際，三重市公所卻接獲一封匿名的陳情書，懇請三重市長儘速轉呈有關單位，禁止增高社子島防潮堤，並勿解除其禁建，以免害到鄰近居民生命財產之安全。這雖是一則不足微道的小插曲，卻讓社子島民感到寒心。

莫非社子島就「活該」為大臺北地區居民的需要而犧牲？當時延平北路九段一帶，因過量盜採河砂，多處地層嚴重下陷，部份防潮堤決裂，有些下陷約四〇公分，有些甚至已被流水淘空，險象環生。

這些慘況，歷歷在目，前來視察的政府官員、地方民代、或採訪的媒體記者全都看在眼裡。雖然法令依舊，但中央態度已出現迴轉空間。一九八七年九月行政院核定「社子島築堤保護方案」，防洪堤從四公尺加高到六公尺（一九八九年開始動工一九九七年完工）

為什麼花這麼多篇幅來談「社子島築堤保護事件」？

因為，無論是社子島的坎坷身世、築堤保護事件、或是多年來一直沸沸揚揚爭論不休的開發案，問題關鍵都是一樣的。當國家政策是以保護大臺北多數居民利益為主體，地勢低窪、較無經濟價值、人數較少的社子島居民就無法逃避揹負著犧牲小我完成大我的「重大使命」；能否「築堤」在於「大臺北防洪計畫」階段性逐步完成，在不影響大臺北居民安全的前堤下，社子島也才能有機會「被保護」。

從行政院核定，到六公尺水泥護堤終於動工、完成，又是十個年頭過去，社子島何時才能真正和大臺北地區平起平坐？得到相同標準的保護？何時有機會脫離孤島命運？還有很長的路要走！

3 被虐待的居住正義

許多人來到社子島，不敢相信這裡是臺北市的一部份，
如果真是被凍結在過去的時光中，
保留昔日鄉村的風貌或許還好，
然而在被禁錮的漫長歲月裡，
無法不受到外在世界發展的牽動，
於是樣貌漸漸異化、扭曲、變形……。
一九六〇年代中後期，臺北市地價開始飆升，
許多人選擇在郊區興建廠房。
社子島一方面由於禁建，一方面又失去蔬菜競爭優勢，
許多農地紛紛出租蓋起了違章工廠。

（攝影/陳弘岱）

民主社會的可貴，在於多元意見能自由發聲、競逐，而國家在保障多數人權益的前提下，也不能剝奪少數群體享有平等的權利，這才是真正的民主精神。

國家對於土地規劃與使用的政策，主導著土地該如何利用，也決定了該空間的未來發展方向。擁有各類專家的政府團隊，有責任依其專長與職能，在保障大我、並能兼顧小我的權益平衡中，找到具體可行的方法，來規劃空間發展的進程。

然而，同屬臺北市一份子的社子島，自一九七〇年即被列為洪泛區後，非但沒有城市該有的基礎建設，還被用「禁建、禁開發、禁商業發展」禁錮至今，長達四十六年之久。在地居民的基本權益長期遭到忽視、虐待，幾乎每隔一陣子，媒體、輿論就會大肆探討，歷任的臺北市長及執政者也都看見了問題，從不吝於發揮創意提出政見為社子島發聲。然而眾聲喧嘩，卻如夢話囈語，激烈吶喊後，夢醒了，問題依舊，而且隨時間愈拖愈長，問題也似乎愈來愈多。觀察著社子島的現象，我不禁想起當年被視為「大臺北防洪計畫」當務之急的「二重疏洪道」工程。

二重疏洪道悲歌

一九六八年，同樣因為地理位置的關係，蘆洲、三重左側，五股、新莊右側的洲後村、及五股、三重、新莊的部份村、里，就比社子島更早兩年被畫為洪泛平原，同樣遭到禁建命運。

有些人認為，其遠因似與一九六四年榮工處炸開獅子頭隘口所留下的後遺症脫不了關係。原本每個月只要防堵兩次大潮，後來變成海水天天倒灌，導致此區土質鹽化，無法種植，洪水漫流更加劇沿岸地區淹水的困擾，而五股部份地區幾乎成了沼澤地。

由於大漢溪與新店溪滙入淡水河後，兩者滙流的洪峰流量可達到二三．五〇〇CMS，而臺北橋只能通過一四．三〇〇CMS，多出來的九．二〇〇CMS，得有管道宣洩。

因地理形勢的關係，淡水河遇上大洪水時，會往中興橋左岸漫溢，流經褒子寮附至塭仔川，再於關渡附近滙入淡水河，此為天然流路，而淡水

最早開到溪洲底的公車只有26路。再早之前，搭公車到市區要走到延平北路七段頭。中國海專（現在改制為臺北海洋技術學院）創校後，開進來的公車才多了起來。

（攝影/陳弘岱）

393-U3

河在此僅有一五〇公尺，河水從四〇〇公尺突然縮減到一五〇公尺，導致三重、五股一帶常淹水。

專家認為要解決這個問題只有兩個辦法，要不就把三重河寬從一五〇公尺擴大到四〇〇公尺，要不然，就必須在大漢溪與新店溪合流處闢建「二重疏洪道」加以分洪。

如果選擇拓寬三重河道，粗估約需搬遷數十萬戶居民，權衡之下，政府決定在大漢溪與新店溪交匯處開挖長七．七公里、寬約四五〇—七〇〇公尺的「二重疏洪道」，在兩溪河水暴漲時，部份洪水可從三重疏洪道先分流，大幅減少流入淡水河的水量，以保全臺北、蘆洲、三重、新莊。

一九七九年二重疏洪道奉行政院核定《第一期防洪計畫》，於一九八二年開始實施，於是政府強徵土地拆遷，當時猶在戒嚴時期，依法不得集會遊行，但反拆遷居民為了捍衛家園，唯有拼命自救，綁布條、上街頭抗議，甚至不惜死諫，尤以洲後村最為激烈，曾與三重拆遷戶聯合，包圍三重與臺北市之間的聯絡幹道，癱瘓交通九小時。抗議群眾製作蔣中正靈堂、甚至製造武器要對付拆村軍警。

據瞭解，當時土地徵收價格，最貴的是每坪一七八〇元，最便宜的一坪才二百元，比一坪豆腐的價格還低，居民抵死不從。抗爭活動歷時約兩年，直到一九八四年八月十六日颱風來襲之際，不肯搬遷的民眾在軍警強制驅離下，才含淚逃離家園。被強制徵收的洲仔尾廢村作為洩洪區，之後開闢為疏洪道。

賴以維生的土地被強制徵收，導致許多人流離失所，貧病交迫。據說後來還有不少人自殺，甚至跑回原居地躲在磚牆角落仰藥輕生。這段幾乎已被遺忘的血淚歷史，鮮少被記載。為了大臺北防洪計畫，洲後村消失了，留下這段悲傷的遺憾。

而今，試從「二重疏洪道悲歌」來看社子島現象——從戒嚴時期的政治粗暴到解嚴後，臺灣是否逐漸走向進步的公民社會？若誠如李鴻源所說的：「社子島註定要被犧牲。」那麼，社子島民幾近半世紀的犧牲，將會持續、演變為另一則遺憾？或能翻轉社子島現象成為臺灣社會民主進程的一個重要指標？考驗著臺灣公民社會的高度與視野，也挑戰臺灣的政治智慧、眼光與魄力。

凍結在時光中，樣貌卻漸漸異化變形

對臺北盆地而言，社子島向來算不上經濟富裕之區，雖有水運舟楫之利，但並不是重要的港口。從某個層面來說，堪稱是瞭解淡水河岸居民生活發展歷程的一個活教材。而這個活教材，有點異類，所能探討的面向也更多元、微妙！

時至今日，當許多人來到社子島，見到堤內堤外差異極大的地景樣貌後，幾乎都不敢相這裡竟是臺北市士林區的一部份？直呼「比鄉村還鄉村。」

如果真是被凍結在時光中，保留昔日鄉村原汁原味的風貌，或許倒好。然而，在被禁錮的漫長時間裡，未能自由伸展的社子島，卻無法完全不受外在世界發展的牽動、扭曲，所以樣貌漸漸異化、變形。

尋探其變貌的過程，時而令人感歎、唏噓，時而皺眉、瞠目驚奇，卻也為其獨特的鄰里文化和濃濃的人情味而溫馨微笑。

就像許多在地人所形容的，限建之初，大部份務農維生的居民樂天知命，田照耕，菜照種，雖屋宇簡陋，但遮風避雨不愁。至於部份捕撈魚蝦維生的漁民，仍是靠河吃飯，下網捕魚，為家人謀得溫飽，限不限建，似乎沒多大影響。但時代飛快往前衝，短短幾年，原本賴以安身立命的最後一點依靠也將無焉附存。

一九七五年十大建設之一的中山高速路蓋到臺北了！當時，為了避免巨額拆遷補償費用，政府決定借道都會邊緣區域修築交流道，臺北市區的第一個交流道，即是將番仔溝填平後所興建的「重慶北路交流道」，而番仔溝原有的排水功能，則由埋在地下的涵管、涵箱所取代。

至此，番仔溝從地表上幾乎完全消失，僅在環河北路旁，中山高速公路下的「陽明山瓦斯公司儲氣槽」邊，留下一小段用來做區隔用的水溝遺跡。而社子島地形也因而由獨立的葫蘆（形）島變成狹長型的半島，與臺北市直接相連。

交通，是商業貿易、城市發展的命脈。

番仔溝填平消失後，重慶北路得以延伸進社子地區，並接上百齡橋進

如今走在社子島上，會見到許多「怪房子」。因為限建，有些老房子因為破舊、漏水，不得不在舊有屋體外包覆鐵皮、或拆掉部份瓦簷搭建鐵皮屋頂。有些家庭人多住不下了，就在舊厝旁又延伸出違建，於是違建加違建，屋屋相連，夾擠著巷弄，歪歪扭扭，成為社子島上一道特殊的景觀！（攝影/陳弘岱）

入士林、轉往石牌、北投，堤內部份即延平北路五段、六段，因交通改善使生活更便利，漸漸發展成住宅區與工商業區，蛻變成繁榮的都市景象；而堤外則因為禁建，無法發展，仍停留在農業時代的樣貌，幾無公共建設，交通不便、就學不利，每年的颱風季節又為淹水所苦，有能力到外面發展、買屋的居民紛紛遷離此地。

而留下來的人，面對的又是怎樣的生活景況呢？

農村產業的大崩解

高速公路通車後，猶如打通臺灣的任督二脈，使臺灣全島的時空距離壓縮幅合。以往全台各地物產自給自足的區域經濟模式也被貫穿。嘉南平原土壤肥沃、日照旺盛，勞動成本低廉，大量中南部蔬菜可藉由高速公路的運輸，短短幾小時內，就運送到臺北各大集散市場售出。而社子島的農產品成本較高，難以和中南部競爭，無力抵擋南菜北運的現實，社子島很快失去「臺北蔬菜供應專區」的優勢。

有些農民腦筋動得快，搖身一變，成了大盤商，除了務農外，也自己開車到中南部收購蔬菜，擴大原有的通路。但有些農民一輩子只懂耕作，不諳生意經，務農已無法養家活口，怎麼辦？

這個時候恰是臺灣從農業社會跨越到工商社會，快速發展的階段。從一九六〇年代中後期陸續成立的加工出口區，效能逐漸醞釀、累積，帶動了臺灣第一波經濟起飛的態勢，需要大量勞工與工廠，而臺北市地價開始飆升，許多人選擇在郊區興建廠房，鄰近臺北市區的社子島，一方面由於禁建，一方面又失去蔬菜競爭優勢，於是許多農地紛紛蓋起了違章工廠。

雖然法令禁建，有些農民也沒錢搭蓋，但據在地人表示，當初有些里長、民代等地方有力人士，就提出條件遊說。例如由他們負責蓋工廠租人，僅約定年限收取租金，之後，工廠和收租權利就屬於農民，不必出資，又有好處，有些農民就同意了；起初持觀望態度，不敢違法的農民見狀，漸

吳振泰商號是社子島歷史最悠久的雜貨店。以前，附近上班的工人多，生意還可以，這幾年景氣差，許多企業遷到大陸，也有關門的，工人少了，生意受到影響，現在主要的客源都是附近的住家，過路客不多。

（攝影/陳弘岱）

漸心動。

縱使此區限制商業發展，工廠無法申請到合法執照，業主就變通設籍在其他地方，照樣營運。而受到「家庭即工廠」的趨勢影響，此區也出現許多由在地居民經營的小型地下家庭工廠。很快地，如風吹草偃，從物流、運輸、倉儲、傢俱、鐵工、玻璃、翻砂……，到塑膠、紙杯、電器、模具、印刷、資源回收場……，幾乎成了臺北市違章工廠集中營，尤以印刷業為最，也是臺北市資源回收場密度最高的地區。

過去，大臺北區的印刷廠主要分布在社子、萬華和後港一帶，但萬華和後港因為在都市規劃中未被劃為工業區，印刷廠紛紛離開，一部份遷移到外圍的中和，而社子就發展成臺北市印刷業最密集之區。印刷廠、製版廠和裝訂廠等上下游相關工廠，遍佈在社子島內。全盛期，機器常是二十四小時運轉，師傅輪班工作。但現在已不如過去。至於連土地也沒有的農民，只好轉業。

當時被喻為火車頭工業的建築業、房地產業快速勃興，首善之區臺北市加強建設，各處工地如雨後春筍，欣欣向榮，需要大量的建築工人，許多社子島民在這個階段轉業成了土水師傅、磁磚師傅、板模工人。

「五路人」的天地

淡水河畔也如前章所述出現許多抽砂場，據瞭解，全盛時期，單是社子島一地就聚集了超過二、三十家抽砂場，近距離供應大臺北泥砂需求量二分之一強，部份社子島民也就成了抽砂工人，而大量建築工地及近二十年來重大工程所產生的廢土，幾乎都運往鄰近的社子島傾倒。

社子島原就是低窪之區，當部份土地被填高，一下雨，水會就流往兩旁較低處，為免自己的土地遭殃，於是你也墊高、我也墊高，大家爭相搶填，廢土不愁沒有去處。

空地或後來新蓋的違建墊高容易，但既有房屋可就慘了。當週遭土地紛紛墊高，室內豈不就低於戶外了？無法墊高地基，只好往屋裡填土，但

資源回收是社子島上經濟弱勢族群最常從事的行業之一。（攝影/陳弘岱）

好神拖
台進農
Jujube牛
25 KG NET
PRODUCT OF AUSTRAL

這樣一來，室內高度就被壓縮了，舉個手就能碰到天花板，甚至得彎腰才能在一樓活動。

許多原本較熱鬧的區段，就因為早已形成聚落，土地上蓋著房子，反而無法墊高，產生許多問題。鄰近的土地、路面、巷弄越填越高，導致有些地方，竟像地層下陷似地，一樓變成地下室，下雨就淹水，當然也無法住人了！

例如延平北路八段二巷五十六弄一帶，就可見到房子一樓窗戶幾乎已低到路面，外觀殘破不堪，早就人去樓空。

尤有甚者，原本就容易淹水、積水的社子島，因為禁建，幾無公共建設，除了舊有渠道外，沒有排水系統，肆意填土的後果，更形成地貌高低落差，有些地方因長期積留廢水竟似成了沼澤地，夏季滋生蚊蠅，惡臭難聞，居民苦不堪言。

為了解決里民的困境，李賜福里長設法籌錢想蓋排水溝，但是社子島上，連道路都仍屬私人產權，鋪設短短一百公尺的排水溝，得協調數十位地主同意，這就花了半年時間，地沒問題，挖土機也到了，卻開不進來，得先清除這一大片積水惡臭的爛泥，繼而填土、墊高，再把排水溝做好，又花掉半年時間。如此怪現象，只是區內一景。

在缺乏都市計畫的情況下，社子島的住宅區和那些違建工廠、地下家庭工廠並無區隔，不少地方成了工業廢棄物和廢水傾倒的區域，居住環境充斥著噪音和污染。尤其延平北路鄰近基隆河的環島便道，常見運送貨物的大卡車呼嘯而過。在抽砂場被完全禁絕之前，噸位超重的砂石車常沿途滴著泥水穿梭其間，所經之處，震耳欲聾！

堤內快速都市化的過程中，禁建的堤外三里，也被迫由農業時期邁向工商農混雜的時代。

違章工廠增加了就業機會，也帶進了各地移民。特別是中南部農漁業地區過剩的勞動力，懷著臺北淘金夢，北上尋找工作機會，這些人經濟能力有限，而臺北市寸土寸金，居住談何容易？社子島雖然生活品質差，至少房租相對便宜，就成了首選，他們往往先在此地租屋，也在附近工廠上班，一旦經濟能力許可，或是找到新的工作機會時，就會搬遷。

至今，許多在地人仍習慣稱延平北路七段為溪洲底。八段過了福安國

全盛時期，單是社子島一地就聚集了超過2、30家抽砂場，供應大臺北泥砂需求量二分之一強，部份社子島民也就成了抽砂工人。近年大臺北地區大量建築工地及重大工程所產生的廢土，幾乎都運往社子島傾倒。（攝影/陳弘岱）

KOMATSU
251-BK

中，就算是浮洲仔的範圍，原本居民比較少，大部份是農田、菜園、甘蔗園。很多外縣市、或中南部來的人，以此為落腳處，但除了少部份人落地生根外，大多只是暫時停留。據說，曾經一度，居民流動率居臺北之冠，被在地人形容這裡是「五路人」的天地。

大型違建工廠進駐後，人和環境似也複雜了。

往昔，唯有在農閒時，大家才會聚在一起，喝酒聊天、玩牌、擲骰子，但許多農民不耕作後，有土地的租給別人蓋廠房，租金收入不錯，每天閒閒沒事。

在地居民戲稱，這裡一度是臺北市出名的賭窟。有些人賭輸，欠錢，只好賣土地，地賣光，又無處可去，日子愈過愈糟。

事會變境會遷，人會老厝會舊

往昔農業時代的社子島，多是木造、磚造的平房，日曬雨淋，時間久了，難免破損、漏水。然而由於禁建，連房屋整修都受到嚴格的法律限制，不容許更動建物的基本結構，也不允許擴建。

當堤內的延平北路五、六段，和臺北市區同步發展，被緊緊箝制住無法自由伸展的堤外三里會逐漸變成什麼景況？

土地是居民的，房子是居民的，卻礙於法令致使無法建築個人私有財產。四十六年的光陰，原本兩、三個孩子的小家庭，如今可能都已兒孫滿堂。何況農業時代，節育概念薄弱，有的家庭兄弟姐妹七、八個，婚嫁後，又誕生後代，逐漸瓜蒂綿延、枝繁葉茂，這麼一大窩子的人怎麼辦？

此外，由於禁建，兄弟分家後，就算違建另外蓋了房子，卻無法申請水電，也有些房子，因為發生火災付之一炬，卻不能重建，以後要住哪裡？

如今走在社子島上，會見到許多房子因為破舊、漏水，不得不在舊有屋體外包覆鐵皮、或拆掉部份瓦簷在上面搭架鐵皮屋頂的「怪房子」，或是人多住不下了，就在舊厝旁又延伸出違建，你家土地大，屋簷多伸出一些；我家地小，牆面得縮進去一些；他沒錢蓋，只好挨著鄰居牆面稍作補強。於是違建加違建，屋屋相連、夾擠著巷弄歪歪扭扭。

即使有些屋主經濟能力不錯，也不敢貿然拆掉舊屋重建，怕萬一將來有機會拆遷補償時，政府不認帳。另一方面，也擔心全面開發時，花了大把銀子改建的家園，豈非又要被拆除？

也有些居民鋌而走險，把房子翻修成二、三樓，甚至加蓋到五樓，成了社子島樓層最高的建築。

據了解，只有在一九七〇年前，消息靈通人士聽說此區即將列為洪泛區，曾趕緊搶建一批，例如位於延平北路八段富安國小旁的建安國宅、以及少數早年既存房屋領有合法建築執照外，放眼望去，社子島天空下，幾乎全是違建。

違建，不怕被拆嗎？當然怕，只要有人檢舉，拆除大隊就來了，為了維護家園，居民只好找地方有力人士疏通。可能還得塞點紅包。只能做，不能說，心照不宣的地下紅包文化，更助長這股態勢一發不可收拾。

或許有人會怪罪社子島民，違建就是不對，將土地租人蓋違章廠房也不對，紅包文化更該死，然而，能完全歸責於地主與居民嗎？當政策有不足處，出了紕漏，卻放任不理，「官逼民反，民不得不反」？好像也有人這樣說。但要說政府完全放任不管，似乎也不對？

李登輝擔任臺北市長期間，就曾飭令建管處公布了一項社子「堤外房屋臨時修建辦法」，並經過臺北市政會議通過，但在呈報中央時又被壓下來；也曾發生三位里長因承受不了里民的壓力，憤而向當時的李登輝市長遞出辭呈的風波。

居民能不怨？能毫不抗議嗎？

法令雖網開一面，原則上同意屋子損壞，可以補強，卻又規定樑和柱

過去大臺北區的印刷廠主要分布在社子、萬華和後港一帶，萬華和後港因為在都市規劃中未被劃為工業區，印刷廠紛紛離開，一部份遷移到中和，而社子就發展成臺北市印刷業最密集之區。全盛期，機器常是24小時運轉，師傅輪班工作，但現在早已不如過去。 （攝影/陳弘岱）

一次只能修繕三分之一，許多居民抱怨，原本一次可以修好的樑柱，卻要分三次修，效果還沒有打掉重修來得好，有些人乾脆不修了。甚至有屋主願意以零元租給房客，只要房客願意稍微幫忙修理、照顧一下房屋就好，但也有不少屋子壞到根本租不出去，成了廢棄的空屋。

居住品質日益惡化，逐漸地，一些有錢有能力的居民，就選擇離開，到外面買屋、發展。留下的，多是經濟力較弱勢的族群、以及世居此地而不捨原鄉情感的老人家。

落後、破舊、污染、充斥著垃圾、廢土、違建……，社子島被貼上各種標籤，居民生活其間，隨著都市發展，原本務農的優勢喪失了，生活發生困難，生存方式被限制，還要承受外人異樣的眼光和不公平的待遇。

在社子島的陳情抗議活動，大多是由里長伯帶頭，地方民意代表陪同，居民跟著蜂湧而來，是地方自立救濟的方式，當生存危機迫睫而來時，居民同仇敵愾，與一般社會團體的動員組織模式不同。

居民在里長的帶領下，曾到市府、議會、經濟部、都發局等多處陳情，早期訴求主要焦聚在「築堤保護」，其次是建築修繕整建，八〇年代中末期後，也開始爭取更多應有的公平對待——包括「社子島防洪禁建後，一直依照都市計畫住宅區等課徵之稅金，請全額退還」、「經建會既否決保護社子島，請立即免課社子島上土地、建物等一切稅金」、「成立專案小組，從優徵收社子島土地、建物，並輔導集體遷村」、「在未徵收輔導遷村前，請每年發給防洪受災補償費」等。

既然中央堅持社子島在防洪安全上有其必要性，就應該拿出魄力，徹底解決問題。早在一九七〇年，限建之初，社子島居民數僅約為三千人，但到了八、九〇年代，一度因人口自然增加、及後來遷入者，爆增到一萬六千人。

每隔一陣子，開發議題就會上報

誠如當年媒體所分析的，輔導遷村對市府而言是一項極大的負擔，土地與房屋徵收、補償費、安置費數字之龐大，豈是市府能力所及？而減免稅賦，只能「依法辦理」恐怕也滿不足不了島上一萬六千居民的要求。

令人啼笑皆非的是，既然中央態度堅定，但臺北市府卻一再提出「社子島都市開發計畫」，卻總又說因中央防洪計畫遲未定案，話題沉寂一陣子，開發議題又會開始喧嚷。

例如一九七八年李登輝擔任市長時，正值臺北市土地飆漲、與北市人口暴增的壓力，就曾考慮以位在臺北市邊陲的關渡、社子島作為紓解方案之一。媒體熱鬧了一陣子，最後無疾而終。一九八五年許水德當市長，又放話「社子堤外三里整體開發為新社區，已由市府呈報中央，可望於明年四月核定」，次年並公告「社子島都市計畫主要計畫」；一九八八年吳伯雄上任，突發奇想，提出在社子島成立色情專區，將臺北市所有的咖啡廳、賓館、指壓、按摩、馬殺雞、酒家、酒廊、甚至妓女戶（當時尚未廢娼）都集中管理，阻絕色情外竄……。

在此之前，社子島居民的請願訴求較為單純，在開發計畫構想提出來後，為保有高品質居住環境者抗拒色情的引入；為擁有更多土地權益者抗議區段徵收，為保有習慣居住地者拒絕遷村；為促使土地更有效利用者，反對中低密度開發，要求高密度開發；而有屋無地者，害怕開發後將流離失所，反對開發……。

城鄉差距竟出現在首善臺北市

由於限建、限發展，這裡也是臺北市唯一沒有 7-11、萊爾富、全家等連鎖便利商店的區域，而且，連超市、診所、西藥房、藥妝店、郵局、衛生所也通通都沒有，甚至看不到傳統菜市場。

在許多都市都已消失的傳統柑仔店，依舊支撐著當地的基本民生需求，延平北路上、公車站牌旁、學校附近，約有十多家，有些店面擺設已改為較新型的現代商店模式，但巷弄間仍有掛著老舊菸酒招牌的傳統柑仔店，從小五金、鹹菜魚干、竹柄掃把、地拖、斗笠、雨鞋……，到菸酒、

違章工廠增加了就業機會，也帶進了各地移民，特別是中南部地區過剩的勞動力。社子島雖然生活品質差，房租相對便宜，就成了首選，他們往往先在此地租屋，也在附近工廠上班，一旦經濟能力許可，或是找到新的工作機會時，就會搬遷。

（攝影/陳弘岱）

餅乾、糖果、玩具，甚至可以買到一根五元的枝仔冰、和一支兩元的棒棒糖，五顏六色的散裝糖果罐在櫃上一字排開，地面上高疊起黃色啤酒箱。

或許因為青壯人口外流，看店的大多是滿頭白髮的阿公阿媽，或是媳婦與婆婆作伴。因為島內沒有藥房、診所，也沒有天然瓦斯，為了方便老顧客需求，有些柑仔店也充作桶裝瓦斯中繼站，兼賣簡單的感冒藥、消炎藥，在藥事法修改後，賣成藥的就少了！

在臺北市，幾乎每個社區都有自己的活動中心，常舉辦各種休閒、學習課程，放些雜誌、報紙、書刊，提供銀髮族休閒、娛樂、照顧，但這裡的居民（目前約一萬零八百人），卻沒有里民專屬的活動中心。富洲里活動中心借用廟宇，近些年，富洲里長又自掏腰包蓋了一處長青會所，讓老人們可以來聚會、唱唱卡拉ＯＫ。而福安里活動中心則寄居在消防隊樓上，那是葛樂禮颱風後所建的三個防洪教室之一，土地是由當地鄭姓士紳捐出來的，曾經一度漏水，還得里長發動居民出錢出力整修。

除了堤畔的島頭公園和自行車道外，島上沒有社區公園，沒有公共休閒設施，也沒有圖書館。區內的教育機構，僅有富安國小、福安國中和由中國海專改制的臺北海洋技術學院。

由於長期發展受限，有能力的人搬出去了，留下的大多是弱勢族群。中低收入戶的佔比是臺北市整體佔比的三至四倍，許多仍住在島上的家長認為「外面的學校較有競爭力」，盡量將孩子戶籍遷出去，越區就讀，留在島上兩所學校的學生往往就是弱勢中的弱勢。以一○二學年度為例，富安國小來自弱勢家庭的學生超過六○％，二五％家庭由外配組成，而福安國中學生來自低收入戶者也佔四八·二％。

同樣是臺北市的孩子，堤外學童出門看見的是高樓大廈、熱鬧繁華，到處有公園、圖書館。而社子島內的學童，每天生活在違建充斥、屋子破舊、髒亂堆積、雜草叢生的環境，缺少文化刺激，不利學習，走出島外，對新事物、新環境容易有排斥感、自卑感，無法融入，加上父母親又是弱勢中的弱勢，形成惡性循環。

孩子們處在一個不平等的起跑點上，未來也將更難突破經濟上的劣勢，必須依靠各界投注更多的關懷。例如，在地方上經營多年的喬大文教基金會，即透過坤天亭設立獎學金，並以品性為評量標準，而非在學成績做出實質的付出。

既然孩子們走不出去，就得把更多資源引進來。曾經一度被許多人排斥的福安國中，在校長施俞旭的努力下，逆勢翻轉。學生家庭雖然依舊弱勢居多，但校風改善，教育品質提升。以前，是父母努力要把孩子送到外面的學校讀書，這幾年卻有外面的家長反倒想辦法把孩子遷進來就學，學生數量從七、八年前的一四〇多位學生，增加到二三〇人。並連續三年，學生參加AMC8均獲優等，也是繁星計畫、北星計畫的常勝軍，甚至有學生高分考上建中資優班。

教育問題如此，那麼相較之下，事關社子島未來的開發議題，或許情況更複雜，百廢待興，千頭萬緒，政府能不能有效作為呢？

我們先來聽聽居民、學者專家、產業界各有什麼看法。

各方說法

最重要是怎麼安置補償

富洲里里長／李賜福

因為社子島土地共有情況普遍，很多屋子難以取得所有地主同意，所以無法申請編訂門牌，也無法申請水電，只好向鄰居分接共用，而早期農家分散，管線要拉很長，例如從延平北路拉過來，一路經過不同的農地，得要每位地主同意才行，將管線沿著水溝拉過來，就露在外面，很克難啦，後來我去協調，才將管線地下化。

一九九一年，曾經開放可以整建原有房屋鐵架，但是居民必須寫切結書，同意將來開發時不能補償，但開發案說了許多年卻都沒有實現，生活品質太糟，很多人都搬出去，可是戶口還在，就是等著將來開發可以獲得賠償。

因為有開發的期待，投資客就會搶進，前些年，農地價格最高時漲到一坪三〇萬左右，從里民流動的情況判斷，我猜社子島農地至少有六成已經被投資客買走了吧！

（攝影/林淑雯）

社子島很多弱勢族群的家庭是隔代教養，學生放學後無人管，就到處遊蕩，福安國中校長施俞旭辦理課後輔導班，不僅免收課後輔導費用、還提供晚餐便當，設法把孩子留在學校。去年福安國中的學生數卻逆勢上揚，其中除了從富安國小升上來的以外，約有一半是外面遷進來的。

（攝影/陳弘岱）

每次推出新的開發案，雖然說明會一次又一次地開，但有一成居民聽得懂就不錯了，多數居民一知半解，尤其是年紀大的人，對現行法令配套措施理解能力有限，對開不開發也不在乎了！而且我們這裡，有房無地的人很多，擔心開發以後就沒地方住了，如果沒有好的安置補償，當然就反對開發。至於有土地的人，政府採取區段徵收，原地主只能拿回四〇％土地，政府徵收去蓋的房子容積率二二〇％，還給地主的容積率卻只有一六〇％，也引起很多人反彈。總之，怎麼安置補償是最重要的，政府必須保證開發以後，至少要比現在更好，開發才有意義嘛！

各方說法

如果不開發，鄉親還要繼續當二等公民嗎？

福安里里長／謝文加

政府只承認民國七十八年以前的違建，沒有道理嘛！例如有兩戶人家，一戶早就搬出去，房子壞到只剩下小半片的廢瓦磚牆，可以全額賠償，另一戶是到了民國八十二年，因為孩子長大結婚生子，住不下了，才拆掉蓋違建，卻不能獲得賠償，這公平嗎？又說房子徵收後，會補助兩年租金，等專案住宅蓋好就能搬進去住，聽起來好像不錯，但是在郝龍斌任內發包的士北科技園區專案住宅，原訂二〇一五年一〇月就該完工，負責建造的公司卻惡性跳票，工程全面停擺——萬一又發生房子（專案住宅）蓋到一半，建商跑掉的事，怎麼辦？

而且有屋有地的里民，雖然能拿到賠償金，又能配購專案住宅，但是配購三〇坪一戶，至少要一千多萬，反而要負債了，許多原住戶都是高齡者，銀行願意貸款給六、七〇歲、又沒有收入的歐吉桑、歐巴桑嗎？還有一些里民，因為臺北市區房價高，買不起也租不起，只好在祖厝旁蓋違建，三、四個兄弟住在一起，開發以後，只能配售一戶，要配售給誰？搞不好弄到「拿刀相砍」。

福安里有厝沒地的，大多集中在七段一〇六巷、二十七巷一帶，外籍新娘多、低收入戶也多，如果沒有好的安置補償辦

（攝影/陳弘岱）

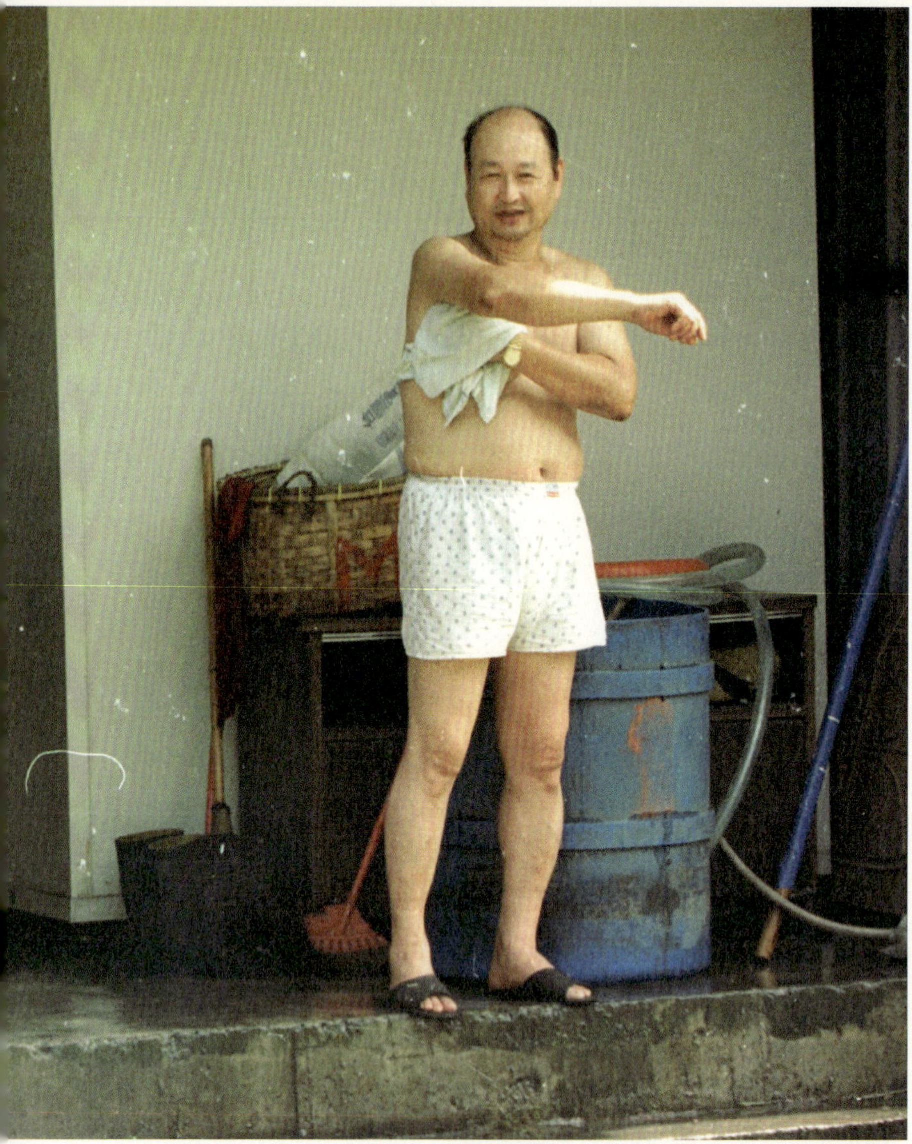

社子島雖然四周都是水，可颱風來時常斷水斷電，有一桶清水擦擦澡已是莫大的享受。
（圖片提供/中央社）

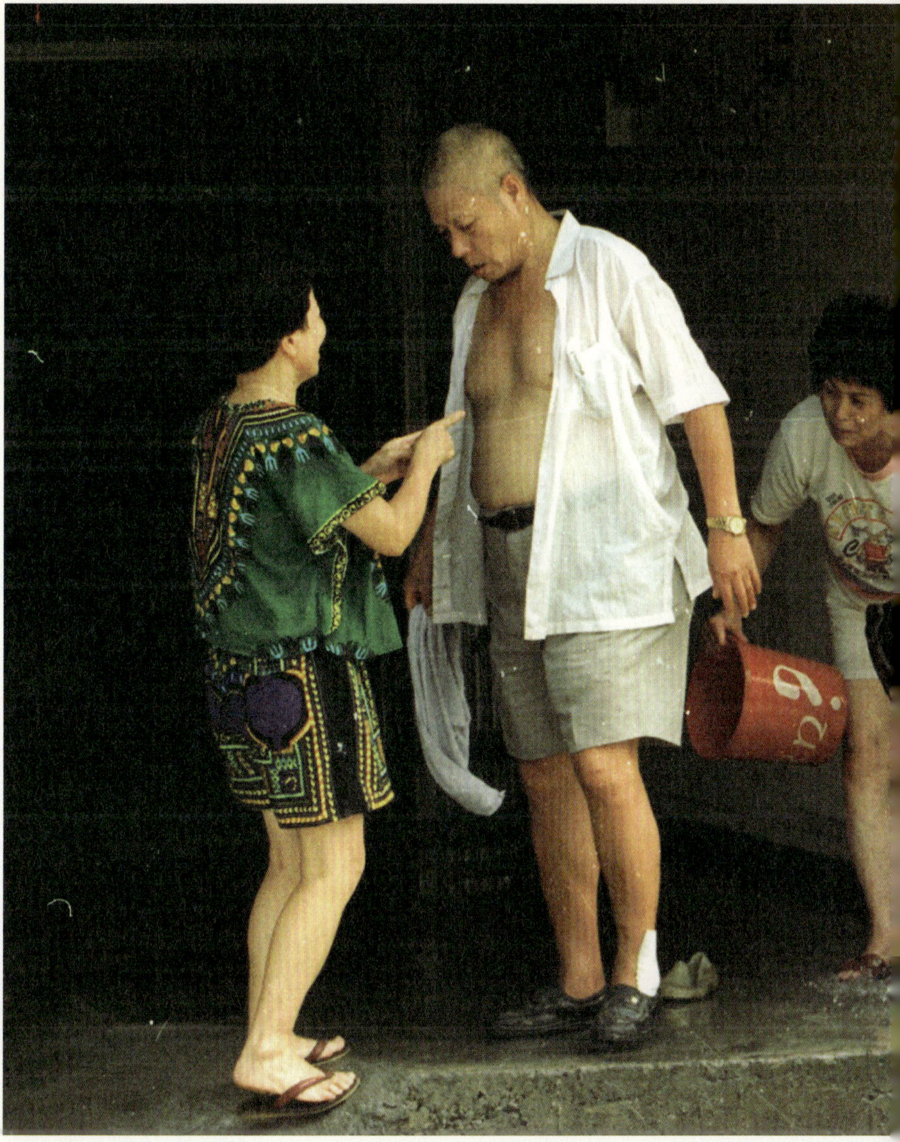

法，他們要睏土腳（睡地上）、還是要搭帳棚？開發當然是要開發，重點是怎麼開發？如果不開發，難道鄉親還要繼續忍受二等公民的對待嗎？

各方說法

百坪老屋擠六十幾口人，實在住不下

社子島世居居民／林慶章

我是做鹹草生意起家的。

早年淡水河、基隆河沿岸廣濶的潮間帶生長著大片鹹草，古地圖上還稱社子島為鹹草埔，在沒有包裝紙和塑膠袋的年代，供應給大稻埕的商家。以前這裡天然環境好，鹹草不需要什麼照顧，一年就可以收割兩次。

但是工商業興起以後，任意排放工業廢水、傾倒垃圾，尤其限建以後，上游或鄰近溪流源頭的山系沒有做好水土保持，泥沙大量沖刷下來，河道嚴重淤積，政府又不疏濬，反而築堤、放置消波塊，這種圍堵方式，更破壞了社子島沿岸的生態。逐漸地，魚蝦滅絕、鹹草埔也不見了！鹹草生意做不下去。

古早人說「長兄如父」，我排行老大，責任重，把弟妹們都拉拔長大，民國五十幾年存夠錢才買了地，妹妹們陸續出嫁，五個弟弟結婚生子後，大家仍想要住在一起，但政府不准我們蓋房子，只好蓋違建。

社子島上像我們這樣的家庭很多啦，但也有很多人搬走，因為如果不搭違建，實在住不下。我們的老房子翻修過，有一百多坪，聽起來好像很大，但整個家族大大小小加起來有六十幾個人，平均每人還分不到兩坪，雖然每戶都有自己的廚房，但六個廚房和房間都小小的，大家都回來時，感覺還是很擁擠。

我的大孫都已經三十歲了。人年紀大了，不就是希望子孫都能留在身邊，共享天倫之樂？親人住在一起，感情比較好，也互相有個照應。開發是好，但開發以後，還能住在一起嗎？

（攝影/陳弘岱）

選擇對社子人最好的方案

恒亞貿易有限公司總經理／陳煙平

我們家族世居社子島，家母娘家上浮洲王家更是社子島拓墾的早期移民，由福建來台開墾這片土地。我們見證了社子島由種植水稻、蔬菜，到現在的鐵皮屋、小工廠、倉庫林立。

今日的社子島因時代的背景，及政府禁錮、不重視，演變成給予人落後、淹水的台北市貧民區觀感。小學時期，因海水常漫過土河堤，放學常要涉水回家，居民無法耕作謀生，才改建鐵皮倉庫、小工廠出租，也因此改變社子島原有的風貌。因社子島鄰近台北市區，提供中小企業便利的衛星工廠，搭上了台灣七十年代經濟起飛的列車。

新任柯文哲市長有魄力，重啟社子島開發案，希望能擺脫過去規劃都市的思維。能在淡水河、基隆河流域，遠眺大屯山、觀音山。又鄰近台北市區的社子島，廣納國際的設計眼光，打造成

（照片提供/永樂扶輪社）

台北市民親水休閒遊憩，並結合社子島的山水自然優美環境，讓台北市台灣人民感到驕傲，成為吸引國際觀光客來此旅遊的美麗新地標。

社子島民因累積數十年的禁建，以致居民的人口結構組成複雜，新住民、隔代教養、低收入家庭等比率相當高。而且居民的地權居住問題，有厝無地，安置、拆遷、補償等都是將來開發案很大的阻力。

衷心建議政府能兼顧世代公平正義，給予社子島弱勢居民優惠的條件，以彌補過去對這居民的欠缺。居民也能放棄個人的成見，相信政府藉著這次機會取得互信，翻轉社子島的命運。為了這片土地的美麗，共同打造我們的新家園。

社子島有屋無地的居民覺得至少現在還有屋子住，如果開發了，地是別人的，無法配購專案住宅，就算房屋有賠償，也買不起一間廁所，所以許多「有屋無地」的居民都反對開發。（攝影/陳弘岱）

各階段報到時間：登記當日確定錄取者下午3時至5時辦理報到。
廣告
優先入園資格及招生登記相關訊息，請洽各公立幼兒園
如同
戒嚴獨裁體
遺留下的魔
海光宮

各方說法

把問題訪查清楚，就不難訂出公平合理的解決方式

前福安里里長／楊明照

我從事代書工作，又當了九年左右的里長，早年也是我帶著里民開鐵牛車去市政府和市議會抗議，對社子島的狀況相當瞭解。

明明劃為滯洪區了，還發給搶蓋的房子合法建照，民國五十六年到五十八年搶蓋最多，五十九年禁建以後，法令也是變來變去，原本是規定不能整建，一下子又開放整修房屋，卻又不講怎麼申請？條件是什麼？可以怎麼整修？我父親往生時，得繳遺產、增值稅，幾年前，部份土地被規劃到輕軌捷運站保養廠用地，我移轉部份土地給兒子時，又變得不必繳稅。現在，柯P上任，又畫了新的圖，同樣一塊地，若要移轉，竟又要繳稅了，煩不煩？開發案也一樣，政治人物來作秀，和大家敬酒時信口承諾，轉過身卻又是另外一套。

社子島上很多地都是像這樣家族共有的，也有一部份是因三七五減租後地主和佃農共享地權，早年農地便宜，常口頭承諾，

（攝影/楊麗玲）

沒有任何契約，就把地借給親朋好友或鄰居蓋房子，因此就有很多人是有厝無地……。禁建四十六年，更使原本就複雜的地權，變得更複雜。

我認為，要解決開發或安置問題，兩里里長要先坐下來談，和居民討論，達到共識後，推代表去和政府團隊談判；政府也該先弄清楚地權、屋產的實際狀況，例如一門牌有幾戶？真正住著多少人？有多少空戶？多少有戶籍卻沒有實際居住的幽靈人口？多少後來才遷入的外來移民？把這些問題實際訪查清楚，就不難訂出公平合理的解決方式，就看政府是不是真的有誠意和決心要做了！

各方說法

我們守法不敢違建，愈守法的反而愈慘

吳振泰商號老板娘

吳振泰商號應該是社子島歷史最悠久的雜貨店。

但因為限建，在這裡沒有發展，現在年輕人都到外面上班，原本是我

和婆婆一起經營生意，但現在婆婆年紀大、身體不好，裡裡外外就我自己張羅，事情多，一個人顧店，偶爾會忙不過來，但也習慣了。

以前，在附近上班的工人都會來買東西，生意還可以。這幾年景氣差，許多企業遷到大陸，也有一些關門，工廠沒有以前那麼多，工人少了，對生意有很大的影響，現在主要的客人大都是住在附近的人，過路客不多。

這幾年附近的許多土地都屯土墊高，路面也一年比一年鋪得更高，我們這區的老房子都是以前就蓋的，領有合法建照，反而更慘，不能拆掉重建，只好把屋裡地板墊高，室內變得好低，伸手就碰到閣樓了。

大家都說，社子島現在不淹水，但我們這裡不僅沒有改善，還比以前更糟，下個西北雨就淹了，路面變得像河流，屋子還比路面低，水消不掉，只好在房子每個出入口都加裝不鏽鋼擋水板，隔壁幾戶人家也都是這樣，不裝不行啊！這一帶聽說地勢最低，情況也最嚴重，對面的坤天亨不僅屯高廟埕，連神明都住到二樓去，一樓變成開放空間，一些老人家閒閒沒

（攝影/陳弘岱）

事，就會在那裡泡茶聊天、下下棋、唱唱歌。

禁建四〇多年來，房子淹水、老舊，牆面滲水、屋頂漏水，怎麼住？只好和大家一樣，請工人用鐵皮包在外面，我們很守法，政府不給拆掉重蓋，就算住不下，也不敢違建，愈守法的反而愈慘，是不是？

各方說法

生態環保不能無限上綱，只保護鳥不保護人

社子島之歌創作人／陳文煌

我年輕的時候，出外打拼，把戶口遷出去，奮鬥一段時間後，想返鄉定居，要把戶口遷回來時，區公所戶政單位卻要求我簽切結書，我氣得當場拍桌子——天底下有這種道理嗎？我是世居在這裡的居民，阿公開柑仔店，父親是捕魚維生的，住在這裡好幾代了，竟不能搬回自己的家裡住？

這裡九五％的房子都是違建。如果可以申請合法執照，誰

（攝影/楊麗玲）

會刻意要觸法？誰會願意蓋違建來被建管處拆、被說違法？

我家就是一棟大違建。原本一家人同住一層樓平房，四個兄弟姐妹長大後各自成家立業，孩子又陸續出生，人口增加，只好往上加蓋違建，第二代又生第三代，我連孫子都有了，現在一至五樓各住一戶人家，每戶都是三代同堂，平均每層約住十個人，至少要有五、六個房間才夠用，因為是違建，礙於法規，沒有門牌號碼，也無法申請水電錶，只好共用，而費率是累計的，所以負擔特別重。

我現在住的房子，地是別人的，也就是有屋無地，但人不能只考慮自己，要以地方的整體利益為主，而且有屋無地的居民，只付地價稅把人家佔用這麼久，開發後還人家也是應該的嘛！所以我還是贊成開發，重點是怎麼開發？有些地主希望高密度開發，地價才會高，但若違反自然法則，大自然反撲更糟糕。原則上，我傾向相信政府，希望開發案不會像其他一些開發案那樣淪為弊案、利益掉進政客裡口袋裡。不管怎麼規劃，都要做好生態環保，但也不能無限上綱，只保護鳥、卻不保護人。

社子島 臺北城市新典範

喬大地產執行副總／郭國哲

一條美麗的河流，成就一個偉大的城市，從 GOOGLE 地圖俯瞰台北市，一眼就可辨認出社子島的位置，台灣唯一被兩條河（基隆河、淡水河）環抱的地方，就在這裡交會後出海，面積多達三百公頃，造就她成為河岸最長的行政區，台灣最寬河域，相較於世界上著名的水岸，她可能是紐約曼哈頓，可能是香港維多利亞港，她也可以是歐洲的萊茵河或塞維河畔，社子島先天的優勢毫不遜色於國外，絕對有機會成為台北最美的地方，吸引全世界的目光。

可惜半世紀以來，她被遺忘在城市邊陲，違建、地下工廠林立，淪為「台北市最後的污染源」，而成本是由全體的市民一起買單，原居民有能力者，大多想要搬出去。由於環境品質差，生活成本低，惡性循環之下吸引許多弱勢族群留下來，同屬一個士林區，和天母相比卻是兩樣情，是台灣

（照片提供/喬大地產）

嚴重M型化的縮影，時間拖愈久，只會愈嚴重，無論未來方向為何，保持現狀是最糟糕的選項，這已經不只是社子島自己的問題了。

身為在地市民，要給這次的市政團隊大力按個讚，因為近期的市府，基於尊重民意，舉辦「i-Voting 投票」由住民票選，從三個方案擇一而適，強調由住民投票決定開發方向的開明作法，的確讓人耳目一新，「生態社子島」是符合世界潮流的方向，不但借鏡荷蘭等成功的水岸國家，更邀請來國外專家學者不斷的研討方案，在票選結果出爐後柯市長也公開表示：「現在戰略方向確認，剩下就是要努力完成，要用最大力氣去完成。」

臺北市政府對社子島有遠大的目標，要讓當地居民有完善的都市環境，有能力吸引新的居民，不只是要蓋個新市鎮，更要成為城市居住的新典範，讓其他城市效仿，市政府現在要做的，是要讓大家清楚明白這個遠大目標，並且凝聚共識。

「生態社子島」的方案會勝出，代表居民傾向環保、中低密度開發，至於居民關注的拆遷補償方案，須完全透明、公正、公開，市府編列年度預算執行開發案，短期的財政負擔可能過重，可透過銀行融資，用低利貸款慢慢償還，甚至可用不動產證券化方式，由社會大眾集資開發。

在我們公司數十年累積上萬筆的土地資料庫中，分析出來的結果會看到，社子島因為禁建太久，土地代代相傳，導致產權極為複雜，大多數土地都是持分所有，但有屋無地的住民居住與佔用狀況等諸多困境使得居民意見難以整合，這也是社子島開發延宕多時的關鍵原因，不然以社子島民刻苦耐勞的個性，和臺灣人不畏困難的精神，哪有不能完成的任務。

以相鄰的「北投士林科技園區」為例，也面臨過類似的問題，土地產權相當複雜，這時候透過產業界投入友善的力量，把原本的一千五百位小地主，經過整合開發成一百二十七塊土地，把複雜變簡單，創造土地新的價值，現今社子島面積是士科園區的三倍，居民人數是士科的十倍，比較起來，士科是相對簡單的徵收，時間從民國九十八年開始進行區段徵收，到民國一〇九年才能點交完，按照這樣的速度，社子島開發若沒有更大的產業力量投入，等到開發完成，居民的身份可能要從孫子等到當阿公。再加上政府近年一連串的打房政策，從奢侈稅進場到現在的房地稅合一，市場上短期的投機客已不復存在，社子島的開發應該要吸引更多的資金投資，才能吸引更多的人才進駐，也才能造就更多的就業機會，實現居住正義只是地板，創造更大的經濟動能才是天花板。

身為產業界看到了臺灣目前的經濟困境，從過去的農業生產到家庭代工廠，再到這二十年來所依賴的電子業，臺灣未來產業的方向在哪裡呢？位於首都重要位置的社子島該往哪個方向走？就像企業的經營佈局一樣，回顧檢討很重要，放眼未來更重要，能以自己的競爭優勢，看到未來的眼光去經營，可以發現臺灣四面環海，卻未能有效利用水資源，如果往觀光、休閒、生態方向前進，預期人民未來五十年的生活方式，那麼社子島就是臺灣水岸城市的最後機會，具體設定一個更宏觀的目標，若能把社子島申請為代表臺灣的世界自然文化遺產，也就等於掛上觀光旅遊業的金字招牌，更是對社子

社子島環河步道適合跑步、騎單車等休閒活動，地理環境的優勢毫不遜色於國外，絕對有機會成為臺北最美的地方！（圖片提供/喬大地產）

島環境保護的鄭重承諾，必定能推升社子島及臺灣的國際能見度，讓社子島居民覺得驕傲，讓臺灣榮耀。

城市發展不能劃地自限，關起門來想像，有了符合時代趨勢的方向，未來在細部計畫中，應融入更多新思維，以打造國際水岸城市思考，世界各地成功的水岸都市案例多不勝數，例如：歷史悠久的澳洲黃金海岸、荷蘭低地城市阿姆斯特丹、英國的愛丁堡 Granton Waterfront、格拉斯哥 Clyde Valley、貝爾法斯特雷根岸區計畫（Laganside）等，市府若能借鏡世界知名的水岸城市，一定能讓社子島鄉親看見美好的未來願景。

再一次用 GOOGLE 地圖欣賞社子島，地貌恰似隻美麗的水鳥，若能順利開發成功，地盡其利，如同展開她的雙翼，遨遊天際，社子島的命運也才能翻轉，發揮其天生麗質的獨特魅力，為我們的下一代揭開城市美學新頁，有朝一日，象徵臺灣島中之島的美麗水鳥，將成為代表臺灣的圖騰，展翅飛向全世界。

各方說法

將社子島作為一個實驗場域，面對全球氣候變遷的危機

專業者都市改革組織理事長淡江大學教授／黃瑞茂

姑且暫時先撇開柯市府所提出的社子島開發方案內容好壞不談，我對於 i-Voting 的新做法，倒是予以肯定的，堪稱創下臺灣都市規劃的典範。這是第一次，市府提供一個溝通平台，讓在地住民有機會參與、決定自己社區未來發展的方向。

只是，這個溝通平台是否發揮了具體功能呢？

i-Voting 是直接民主的實踐，居民不應只是選 A 或選 B，實質上卻是選去或留的居住問題，市府有義務講清楚安置的權利條件，而權益試算服務本來就該做，並充分解釋細節。

政府應該做更多的說明，讓居民瞭解開發案的內容，及未來的可能性，而非拋出看似漂亮壯麗、卻細節模糊的規劃，就要居民投票選擇。

在不清楚的狀況下，居民把票投下去，結果可能就是把自己給遷走，再也住不回來。過去有太多都市計畫案，結果都是這樣，政府把餅畫得又

美又大，開發後，環境品質的確大為提升，但受益的卻非在地的原始居民，反倒是用國家預算圖利財團、造福富人。

透過都市計畫、更新，把老舊社區打造為美麗新市鎮，是城市發展必經的過程，以社子島的先天條件來看，首先要先確定防洪問題是否完全沒問題了？如果防洪問題仍存在著隱憂，談開發無疑是冒險的，而且有欺騙民眾之嫌。

社子島是地勢低窪的沙洲地質，整體的基盤設施、各種地下管線，必須先做好，才能開馬路，有了馬路，才能蓋房子，政府卻說要分段開發？可能嗎？再者，方案中規劃出大片綠地、生態區——圖可以畫得盡善盡美，讓人心為之嚮往，但開發後，綠地、生態區等公共空間由誰來維護？是政府編列長期預算？亦或放任不管？許多都更後的新市鎮，規劃得很棒，但週邊綠地卻因無人維護而雜草叢生，成為蚊蠅滋生、垃圾堆積的溫床。

國家建設是百年大計，錢要花在刀口上，應將有限預算

（攝影/楊麗玲）

做最大的效益發揮。

任何都市計畫開發案，都應具備財務分析和經濟效益分析，並公布給全體市民瞭解，開發價值並不等同於經濟價值；而開發、建設，更不僅是建築形式，未來的管理，特別是公眾建築與建設的管理維護，絕對重要。

社子島開發案滋事體大，不能像過去一樣，繼續只是用幾張圖，紙上談兵，就想矇混過去，政府應該拿出誠意和魄力，把細節說得更清楚。

而未來，臺北市缺乏住宅嗎？

如眾所周知，臺灣正面臨少子化的趨勢，即便人口仍然持續上升，但平均年增長率越來越低，在民國八十九到九十九年期間，年平均成長率只有〇．四％，而據國發會資料預估，到了二〇五〇年，臺灣人口數可能從現在的二三〇〇萬人，銳減為一九〇〇萬、甚至一六〇〇萬人，依此趨勢來看，現在政府還要將大把預算用來拼命蓋房子嗎？意義何在？

開發利益，與不開發價值，需要具體精算，舉幾個例子來看吧，新板特區規劃後，創造多大的產值？彰濱工業區開發後，是否發揮效益？盲目開發，無法累積城市的能量，錯誤開發，後果則不堪設想。

依目前的方案，就我看來，時間和資金成本極高，開發後，絕非一般人住得起，可能最後會變成超高級住宅區，而國家預算就這樣被花掉，且必然擠壓其他建設，卻由全體納稅義務人來買單，這樣能稱得上是落實居住正義嗎？

歷年來，各屆市長所提出的社子島開發案，一遇到安置問題就走不下去了，雖然這回，市府一再強調會從寬從優訂定適合社子島居民的安置特別條例，民眾可以選擇領租金、入住中繼住宅或換地……等等，卻又有但書——特別條例仍需議會通過，卻沒有告訴大家，萬一不通過，有什麼因應配套措施？

再者，若依市府提出的三大方案，無論社子島居民選擇哪一個，都至少還有四個關卡要突破，包括「填土大幅降低的防洪計畫送水利署核定」，「環評必須過關」，「細部計畫要定」，及「區段徵收特別安置需內政部同意」，若四關卡順利，最快後年開始開發——而所謂的開始開發，不是開始動工，而是才能開始進行區段徵收。

好吧，就算一切都順利進行，且逐步落實，民眾要見到開發完成的社子島願景，恐怕也已是二、三十年後的事了！——如果不是？那麼政府是否給民眾一份明確的開發進度時程表呢？

歷史的謬誤，造成社子島民的居住正義遭到剝奪、虐待是事實，該如何還給居民一個公道，政府責無旁貸，但「開發」並非是唯一的標準答案。

許多支持開發者強調，臺北市民欠缺休閒、觀光、旅遊、娛樂的地方，但臺灣不是只有臺北市，想看梯田？可以到苗栗、美濃，政府嘴裡喊節能減碳，卻在臺北市弄個假梯田，用自來水種水稻，豈非精神錯亂？同樣的道理，社子島的開發與否？如何開發？也不是為了臺北市民需要休閒觀光旅遊而提供服務。

臺北市更不缺高樓大廈，都市計畫並非要把居地變成水泥叢林，城市的正向發展，應是打造更健康的人居關係，每個地方都應有城有鄉，城市中也可以有純樸的農村——若放大眼光來看，因為禁建四十六年，使社子島免於都市化過程的破壞，仍保有獨特的天然環境、濕地生態、草根文化和聚落文理，是國家在邁向公民社會發展過程中的極佳教材。

能不能換個思維？在妥善照顧居民生命財產安全及美好生活品質的前

提下，如果政府能立一個團隊，編列長期預算，將社子島作為一個實驗場域，面對全球氣候變遷的危機，當颱風來襲，海水上升，洪潮泛濫，社子島作為臺北的前哨站，或許能夠提供不同面向的實驗成果，促發人類思考如何站在自然裡？甚至有與災難共存的心理準備——雖然沒有標準答案，但開始做，就有希望！

4 市長走馬燈 開發大跳票

「臺北曼哈頓」，
是社子島開發案中最接近「實行」的一次，
但是填土量過高、土方來源不確定，未通過環評，
多年來「社子島開發案」的戲碼輪番上演，
市府屢屢提出各式各樣的開發案，
中央每次又以大臺北防洪安全為由打了回票，
社子島民的殷切期盼，一次次落空，難以實現。
難道市府不清楚社子島開發案必遭中央否決？

（攝影/楊麗玲）

社子島是否適宜開發，一直是見仁見智的難題，市府、中央、學者、民間皆曾出現各種研究報告或評估結果，誰都不敢保證開發社子島會不會影響臺北市的防洪功能。

但在這樣的情況下，臺北市政府卻一再拋出開發議題，是明知故「犯」？或故作天真，實行愚民之舉？畫個大餅，騙到選票就好？亦或挾私偷跑，試圖透過政治手腕，操作「闖關」？一旦僥倖突圍成功，縱使開發後市府帳面上是虧損的，但背後牽涉到的開發利益有多麼龐大？又將會如何、落入哪些人口袋裡？

總之，如果把歷年來「社子島開發議題發展史」做一番爬梳整理，勢必長篇大牘、罄竹難書。不過，若把時間翻回從前，挑精撿細，倒可以歸納出幾個階段性的重點。

李登輝：臺北副都心

李登輝擔任市長期間（一九七八－一九八一），正值臺北市土地價格飆漲、與北市人口暴增的壓力，曾考慮以位在臺北市邊陲的關渡、社子島作為紓解方案之一，最早提出「臺北副都心」概念，但未具雛型。

楊金欉（一九八二—一九八五）與許水德（一九八五—一九八八）擔任臺北市長時期，始由研考會委託中興大學都市計畫研究所辦理『臺北市關渡平原開發可行性之研究』，於一九八六年九月提出開發關渡平原為臺北副都會中心之構想。但因無共識，一直處於評估階段。

吳伯雄：色情博弈專區

吳伯雄任內（一九八八—一九九〇），提出在社子島成立色情、博弈專區，集中管理臺北市的色情行業，將臺北市所有的咖啡廳、賓館指壓、按摩、馬殺雞、地下酒家酒廊，甚至妓女戶都集中收容在社子島，阻斷色情外竄。並表示社子島一旦成為臺北市色情專區後，所有建築將一律採挑高建築，一樓僅可做停車場使用，以避免水患波及民眾生命及財產安全。

但消息既出，引起婦女團體和當地居民強烈抗議。

李登輝擔任市長期間，臺北市土地飆漲，曾考慮以關渡、社子島作為紓解方案之一，最早提出「臺北副都心」概念，但未具雛型。　（圖片提供／中央社）

許水德擔任臺北市長時期，於1986年9月提出開發關渡平原為臺北副都會中心之構想。但因無共識，一直處於評估階段。　（圖片提供／中央社）

有鑑於當地居民及社會輿論的壓力，市府於是將規劃為住宅區、娛樂區及遊樂區、行水區及所需之公共設施等，吳伯雄也極力保證，絕不會將社子島開闢為「色情專業區」，而是設置住宅區、娛樂區及遊樂區、來提升當地居民的生活品質。並於一九八九年十二月完成修正案，按都市計畫法第十九條規定，舉行公開展覽。

然而，社子島居民還是不領情，反彈情緒高漲，在十二月二十日的都市計畫說明會上，蜂湧而至，現場氣氛火爆，民眾強列抨擊，認為開發社子島是政府一廂情願，要求停止規劃，日後的安置與土地權益成為反對的關鍵。

黃大洲：港灣型態娛樂專區

黃大洲（一九九〇—一九九四）上任後，開發案又朝向港灣的型態發展，市府委託美國 RTA 顧問公司，和臺灣的開創顧問公司進行規劃，提出社子島新藍圖——包括了遊艇碼頭、海洋博物館、水族館、國際旅館、植物園，而環繞週圍的娛樂區則包括電影院，健身俱樂部，史奴比樂園，保齡球館及主題餐廳。並規劃賽馬場，賽馬收入挹注社福基金。

陳水扁：第三副都心

陳水扁擔任臺北市長時期，擔憂助長賭博風氣，推翻前任計畫，擬將社子島與關渡洲美地區的開發並置考慮，定位為臺北的第三個副都心。主要構想是將關渡平原二百年防洪頻率堤防往北移，沿運動公園及都會公園邊界興建，讓仍處濕地環境的自然公園充作滯洪區。同時，仿照國外「開發公團」模式，市府成立局處專責開發機構，由副市長林嘉誠擔任召集人，推動社子島開發案；並宣示將協助當地許多小地主，享有長期開發利益，以避免過去許多小地主在分地之前急於出售土地，賤價賣給財團的現象。

但對於市府所擬定的社子島地區開發計畫，強調只是提出開發架構，供公眾討論，待公眾提出各種開發的可能性後，再由市府彙整社子島開發案。

黃大洲上任後，開發案又朝向港灣的型態發展，市府委託美國RTA顧問公司，和臺灣的開創顧問公司進行規劃。（圖片提供／中央社）

吳伯雄任內提出在社子島成立色情、博弈專區，引起婦女團體和當地居民強烈抗議。市府改口將規劃為住宅區。但居民不領情，認為開發社子島是政府一廂情願的想法，日後的安置與土地權益才是居民反對的關鍵。

（圖片提供／中央社）

民國七十八年八月卅日吉時開工

此階段的社子島開發案（主要計畫通過，但防洪計畫未通過），再次進入公開展覽程序，而政府和民眾的溝通管道，除了一般慣有的街頭抗議、請願外，也出現了在電視上公開辯論的形式。一九九八年四月十八日晚間，臺北電視台與聯合報舉辦的 Live 現場叩應節目《臺北市區走透透》在士林基河路海洋生活館停車場後方開講，雙方激論，氣氛火爆，並發生福安里長李文昌和都發局長張景森推打的畫面。

馬英九：輕軌捷運與河濱花都

馬英九擔任市長期間（一九九八—二〇〇六），社子島開發案又有了新方向，計畫於二〇二五年把社子島打造為具備「高品質住宅區優勢」的親水休閒生態科技島「河濱花都」。並提出建造輕軌列車與士林北投科技園區銜接的構想，強調開發案仍依「先妥善安置後拆遷，分區分期拆遷，優先蓋市民住宅，區內安置」原則進行。

所謂輕軌捷運，是指「社子／士林／北投區域輕軌捷運」。臺北市府捷運局於二〇〇二年六月委託顧問公司完成「社子／士林／北投區域輕軌路網先期規劃」報告，提出東西向及南北向兩條路線，並依據臺北市府都市發展局及捷運局共同辦理之「臺北市士林區社子島地區都市計畫檢討及開發方案評估（含聯外大眾運輸系統整合規劃）」報請交通部審議，但至今仍未定案。

此階段，社子島主要計畫、細部計畫先後提送內政部都委會審議，決議原則通過，但附帶條件「應俟經濟部同意本案配合之防洪計畫後，始予核定」。結果同樣是主要計畫通過，防洪計畫未通過。

郝龍斌：臺北曼哈頓

郝龍斌擔任市長期間（二〇〇六—二〇一四）擬定的「臺北曼哈頓」計畫，是要將社子島開發成如美國紐約市曼哈頓之都市中心，計畫面積為二九八．六五公頃，計畫人口可達三．二萬人，是當時社子島人口數（約一〇、八〇〇人）的三倍。

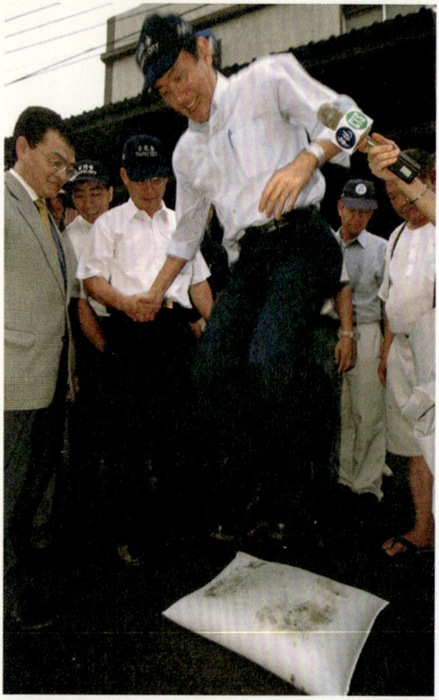

馬英九擔任市長期間計畫於2025年把社子島打造為具備「高品質住宅區優勢」的親水休閒生態科技島。但防洪計畫未通過。

（圖片提供／中央社）

郝龍斌的「臺北曼哈頓」是社子島開發案中最接近「實行」的一次，但因填土量過高、來源不確定、交通衝擊、自然環境破壞等因素，未通過環評。（圖片提供／中央社）

陳水扁時代將社子島與關渡洲美地區定位為臺北的第三個副都心。市府只提開發架構，待公眾提出可行性方案後，再由市府彙整開發案。（圖片提供／中央社）

二〇一五年五月行政院核定臺北地區防洪計畫，社子島要達到二〇〇年防洪標準，為防範洪水入侵，得把堤防加高到九．六五公尺，為了內水排除，土地需墊高到八．一五公尺，如此社子島才能開發。

也就是說，為了在脆弱的沙洲島上蓋摩天大樓，除了以二〇〇年重現期距洪水保護標準築堤保護（堤防標高九．六五公尺）外，還得以填土方式解決內水問題，將住宅區等人居地填土至標高八．一五公尺（現有地表平均高程約二．五公尺），預估需要土方一六二五萬立方公尺，計畫分成三期進行填土，總填土期程預計費時七年，平均每年需土石量約二三二萬立方公尺。規劃土方來源包括：國內重大工程土石方撮合交換、石門水庫疏浚以及上游防砂壩土石淤積清除工程等土方。

依這樣的填土量，若用大卡車每天運送八小時，最快七年運送並填土完成後，才能正式開發，預計總花費約七〇〇億元，採區段徵收方式作業，期間居民的安置採「先建（國宅）後拆（舊宅）」的做法。

稍懂法令與內情的人，想必都很清楚，無論開發案怎麼規劃，事實上，只要中央堅決不肯讓步，一切都是空談。

在大臺北防洪計畫未完成前，社子島開發案拖延了幾十年，直到員山子分洪道完工，颱風來襲時，可有效降低基隆河水位，社子島不再受洪患之苦，原先阻礙開發案的水利署，才改變態度，表示「樂觀其成」。

二〇一〇年五月十日，行政院核定臺北地區（社子島及五股地區）防洪計畫修正報告，水利署通過了社子島防洪計畫修正案。

跨過這個關鍵點，社子島開發案的命運，終於谷底翻身，水利署甚至支持北市府，將社子島用地變更為「高度開發都市計畫區」，稱之為「人定勝天」的最佳案例。

也因此「臺北曼哈頓」堪稱是歷年來社子島開發案中最接近「實行」的一次。但是在二〇一四年六月及九月兩次環評中，因填土量過高、土方來源不確定、運土過程交通衝擊、與自然環境破壞等因素，未通過環評，請臺北市府補充資料再審議。

綜上所述，不難發現所謂的「社子島開發案」存在著荒謬性，過程中，空談的戲碼不斷輪番上演，市府屢屢建議中央把社子島列入防洪保護區、提出各式各樣的開發案，卻每次均遭中央以維護大臺北地區居民防洪安全為由打了回票。誇張的是，在此同時，市府仍一方面著手研究都市計畫的細部計畫，說好聽是等中央核定通過後，可以儘速將計畫付諸實施。究竟是過度自信？亦或做做樣子來敷衍民眾的不斷請願？難道市府不清楚社子島開發案必遭中央否決？

這是否也正好讓市府可推卸責任給中央？過程中，居民因自身利益為考量而意見紛歧，也成為另一絕佳藉口，為開發案未能順利進行找到合理的下台階。

禁建四十六年來，不少議員、立委、民代因舞弊涉案淡出政壇，市府相關部門主管一任換過一任，有些人從低職等升到科長、主任，開發案還在原地惡性循環。

尤有甚者，每當提出一個新的開發案，就得花一大筆錢，延聘專家評估規劃，在虛耗市庫的同時，也會助長投資、炒作地價上漲，而投資客與地主們或許也難免大作開發夢，對未來利益有過度期待。

總之，一切都是白忙！但公部門不愁沒業績，媒體不愁沒話題，投資客和財團不愁沒題材炒作，社子島的命運彷彿陷在永無出口的輪迴中，向下沉淪，問題愈積愈多。每個政治人物說要開發社子島，但社子島的主體性卻被遺忘、消失了！

對於社子島的居民來說，社子島該是什麼樣子呢？如果忽視了居民感受而塑造的社子島是屬於誰的社子島？

5 復活咱的島 從現在開始

四十六年了，法令終將鬆綁，
在茫茫歲月裡載浮載沉的社子島，
卸下揹負沉重的防洪十字架，
命運翻轉，似已看到一線生機。
位處兩河環繞，獨特且重要的地理位置上，
社子島未來走向，絕非僅是社子島地方事務而已，
若規劃得宜，或將成為臺北邁向綠色水岸城市重要基石，
改變全臺灣都市發展模式，立下城市美學新典範。

（圖片提供／喬大地產）

三面環河、面積約三百公頃的社子島，視野廣闊，生態豐富，擁有絕佳的自然環境景觀。水域外圍環繞著陽明山、大屯山系、北投、觀音山，以及從大稻埕、大龍峒、士林、到關渡的河系景觀。兩河孕育出無法取代的先天優勢與獨特的人文風貌，卻因禁建長期受到忽視。

四十六年了，法令終於鬆綁，在茫茫歲月裡載浮載沉的社子島，卸下揹負沉重的防洪十字架，命運翻轉，似已看到一線生機。

社子島該走向什麼樣的未來？絕非僅是社子島的地方事務而已，因其特殊的地理位置、社經樣貌、歷史脈絡，與臺北市整體都市發展息息相關，也是水岸空間規劃重要的一環。尤有甚者，拉大視野來看，若社子島開發成功，或將成為臺北邁向綠色城市的重要基石，進而影響並改變全臺灣都市發展的模式。

一個好的開發案必須建立在嚴謹、全面的基地調查分析上，不只是針對硬體環境，也必須包括社經、文化、歷史等非空間層面的全方位觀照。

社子文化工作者宋旭曜說，希望居民們能珍惜社子島的山水奇景，真切地期望社子島豐富的歷史人文、生態資源不會因為開發而消失，塑造一個景觀的、生態的、文化的、水上休閒活動的臺北觀光後花園。

許多具有文化視野與國際觀的社子島鄉親，都期望把社子島打造成一個綜合生態與觀光旅遊的「低衝擊開發」空間，讓生態與觀光成為社子島的在地特色與產業，配合有效的輔導轉業，讓在地人能「靠水吃飯」優先參與經營旅遊業，促成社子島在實質生活改善與水岸城市建設上的雙贏，成為臺北市的驕傲，在國際上成為臺灣之光。

新臺北城市學——許一個可以實現的夢

柯文哲在競選臺北市長時，曾公開表示「是政府對不起居民」，上任後以「期程加速」、「環評可行」及「財務自償」為目標，由副市長林欽榮主持跨局處專案小組，研商規劃，提出「臺北威尼斯」開發構想，規劃內容包括「運河社子島」、「生態社子島」和「咱ㄟ社子島」三個開發方案。

（圖片提供／中央社）

柯文哲擔任市長後，為了順利推動新的開發方案，多次在社子島舉辦座談與民眾面對面溝通，2015年8月臺北市府成立「社子島專案辦公室」，整合九個局處，由林副市長擔任召集人，並在社子島坤天亭設置專案工作站，若居民有任何關於開發案的疑問，都能就近前往洽詢。

（攝影/林淑雯）

地政局
柯文哲市長
林欽榮副市長

方案❶ 運河社子島

「運河社子島」是以「國際級城市」為目標，規劃三條二〇公尺寬的運河，運用不同高度區隔出人、車和船等三層空間，為全台唯一運河系統，保留舊水道與挖掘新水道，並將水道建置在社子島最底層，中層則鋪設平面道路，最上層就是人行步道空間。島頭公園現址打造出三〇公頃的溼地公園，並規劃產業研發專區，營造生態智慧城市。

方案❷ 生態社子島

「生態社子島」的規劃核心理念為「繼承社子島聚落發展紋理」，雖然這方案也需徵收重劃，但主要是將舊水圳復興，舊有的主要幹道和水路渠道都原封不動，大型公教等設施，多數會在原址重建，唯大小範圍會略有差異，居民生活型態改變不會太過劇烈。為了「還地於河」，恢復河水原本水道，營造成環保生態的居住環境，長遠目標是打造成「田園城市」。

方案❸咱的社子島

這個方案的重心是「維持社子島舊有聚落」，除了保存既有歷史建物、社會信仰中心和復興水圳，還會另闢生態遊憩區，希望該區現有農地轉型為休閒農場。它與前兩個方案最大的不同處，在於土地開發方式，不作全區徵收重劃，而是採取「分期開發、適度改建」的概念，除了區段徵收，還包括原地改建和開發許可，讓民眾維持舊有的建築和生活型態。

新的三個開發案勾勒出美好願景，是否真為社子島民所想要的？是否會讓社子島的未來變成一個再度失落的社子島？以外來者身分來塑造社子島的空間，是否剝削居民的利益、感知和情愫？

香港中文大學建築學院助理教授廖桂賢在接受媒體採訪時，曾指出市府開發案仍是很傳統的概念與方式，在社子島蓋一些住宅，規劃一些國際觀光區或是休閒遊憩區，比較難以回應到社子島當地風土人情。

美國 M2L Associates Inc. 規劃及景觀設計公司創辦人林慶豐在其文章〈生態、正義的社子島離不開運河〉乙文中則指出──「運河社子島」與「生態社子島」不應該硬性切割，把替代案生生硬化了，兩者應該、也可以共榮，若能靈活的視基地現況來作活性的運用，理想而實用的方案將能順利應運而生。

銘傳、實踐等多所大學建築系助理教授褚瑞基在接受「延平北路七八九」（網路社群）專訪時則表示——「運河社子島」朝向荷蘭自然水系及生活共生的系統做規劃，荷蘭對水文資料有充分掌握，但我們水文的資料還沒全面性調查，因此相對來說另外兩個方案可能會較務實。

社子島開發，首重居民安置

為了順利推動新的開發方案，二〇一五年八月，臺北市府成立「社子島專案辦公室」，整合九個局處，由柯市長親自督軍責成林副市長為專案召集人，並在社子島坤天亭設置專案工作站，若居民有任何關於開發案的疑問，都能就近前往洽詢。

副市長林欽榮表示：「期盼社子島開發案展現創新的治理模式，透過 i-Voting 由社子島居民投票表達意願，並以民調了解臺北市民的意見，最後由內政部都市計畫委員會核定。」同時，於十二月十四日啟動「補乎你哉」的補償試算服務，為每位島上居民提供權益試算，居民可選擇現場諮詢、電話諮詢，或在家試算。

社子島開發案成為臺灣都市開發計畫中第一個由住民投票表達意願、第一個提供居民權益試算服務的方案，這種創新做法，頗受各界肯定。但也有論者認為一般沒有相關背景的人，面對政府的三個提案只能憑想像，或憑自己的利益衡量，只要牽扯到利益，投票就不會理性。

而社子島民的反應又是如何呢？新的開發案，帶來新的希望，變化也許是一個翻身的機會，但到底會如何？誰又敢保證？幾十年的政黨輪替，開發案喊太多次「狼來了！」居民也累積了對兩黨、政府更多的不滿與不信任感。

雖然過程中，市府很努力地開了多次座談會，也在坤天亭設了工作站，但是許多在地居民依舊不清楚開發案內容，或是漠不關心；我多次走

新的三個開發案勾勒出美好願景，是否真為社子島民所想要的？是否會讓社子島的未來變成一個再度失落的社子島？ （圖片提供／中央社）

訪社子島，大家在談到對開發案的意見之前，往往先吐出一堆怨言，即便是贊成開發者，除了期待外，還有經濟上得失的風險考量。

早在陳水扁提出開發案時，就曾有一位七十多歲居民抱怨，一直在談開發，但市府始終不告訴居民區段徵收期限，居民分不到錢和地，一旦他去世之後，遺產稅就要繳交一大筆錢，而分回來的土地也變薄了。

當時，擔任居民代表的楊明照，曾出示一張高達二千多萬元的遺產稅單，詢問市府官員何以居民地未分到，補償費用沒有拿到，就要付出如此龐大的稅負？

楊明照表示，即使到今天，問題依舊，且例子並非少數。

二〇〇八年謝梅華（曾任陳慈慧議員辦公室主任）曾針對社子島開發案議題，對在地居民進行了相關訪談，受訪居民對於開發案的態度多為不支持開發及不看好開發——沒想到，七、八年後，當我深入社子島進行田野調查，結果竟也差不多。

走在社子島大街小巷，無論是到在地人常聚集的威靈廟、坤天亭、或走在路上隨機找個在地人問一下，聽到的皆以反對開發居多。但細究起來，似乎居民似乎並非反對開發，而是反對開發案的內容。

許多地主抱怨，政府拿走的六〇%土地容積率可達二二五%，賣回給居民的專案住宅甚至可高達四五〇%，但還給居民的土地容積率卻只有一六〇%，非常不公平；也有部份地主強烈主張應高密度開發，甚至有地主出示自己規劃的社子島開發圖，希望提供給政府參考。

除了容積率的爭議外，不少居民也對區段徵收後，只能拿回四〇%土地相當不滿，認為既然政府承認虧欠社子島居民，不要只是口頭道歉，應該拿出誠意，給予居民較高的補償。

翻閱當年的媒體報導、多方求證，未能證實陳水扁是否真的曾經承諾「還地四五%，一坪換一坪。」」，雖然不少鄉親們言之鑿鑿，然而臺灣政治人物來到地方上，為了選票信口開河，似乎也司空見慣？不管支票開得多大，若於法無據，恐怕也難以當真。

四十六年的歷史積怨，讓社子島鄉親感覺被虧欠，期望獲得相對較優惠的條件，以彌補內心的不平衡，這是可以理解的。然而，國有國法，即便是政府有心，一切仍得依法、合法辦理。

有些鄉親則抱持平之論，指出島上有許多原本二十多坪的屋子，若當年一坪換一坪還說得過去，但後來違建蓋到四、五層樓，變成一百多坪，要求一坪換一坪，似乎說不過去；另外，也有些屋子，一門牌內設籍二十幾戶，若要求每戶都能獲得安置補償，恐怕也不合理——對於這些狀況，政府實不難訪查清楚。

前景未卜，不如維持現狀？

彷彿歷史倒帶重演般，如果大致歸納一下，不管是歷年來的開發案，或是柯市府提出的社子島開發三方案，民眾的訴求和爭議，主要仍聚焦在「先建後拆」、「拆遷補償」、「提高容積率」，其中尤以安置補償辦法最為關鍵。

由於限建時間長達四十六年，社子島土地代代相傳，房地產權十分複雜，有些地權是當年經過「三七五減租」由地主與佃農契約共有，加上早年農地便宜，常是祖先們口說為憑，借地給貧苦人家蓋屋安居，所以許多人是有屋無地，卻已世居在此數十載，甚至超過百年。

因各人狀況不同，居民對開發、補償金額、拆遷與安置方式，站在各自利益上考量產生意見不合。部份地主將地租給人蓋違建工廠，坐收租金，有些人甚至月入數十萬元，認為開發以後，前景未卜，不如維持現狀更實在。

對居民來說，最擔心的，還是未來住的問題，當開發案一動工，無論規劃成什麼樣貌，都勢必會被迫搬離家園，但是拿到的賠償金額很難在臺北市其他地方買到相同的住所，許多人的收入，租不起臺北市的房子，而他們的工作地點多數在大臺北周邊，無法搬遷太遠，否則就得失業了！

即使是有屋有地的民眾，也擔心拿回來的房屋賠償金與發回四〇％土地的抵價金，根本買不起專案住宅。

此外，由於柯市府版「專案住宅配售資格與條件」規定——「合法建物或七十七年八月一日前已存在之違建，每一門牌建物以配售一戶為原則」、「已獲配主配之居住的房屋要有廚房、廁所、獨立出入」——引發許多居民反彈。

由於早年農家習慣多將茅房簡陋地搭建在屋外，也方便取水肥灌溉之用，礙於法令限建，不少島上的房子仍保留原始型態，室內並沒有廁所。另有許多房子因後代結婚生子人口自然增加，加蓋違建數代同堂住在一起，共用廁所、也沒有各自門戶獨立的出入口。另有不少房子一門牌內（因限建無法申請獨立門牌，有些甚至是臨時門牌，過去均無法獨立申請水電）共住三、四戶、甚至高達十幾戶的現象，同樣沒有各自的廁所，或獨立的出入口。

據當地里長表示，安置補償辦法公布後，已經有很多島民在搶蓋廁所、廚房，其中當然也不乏在當地擁有房產並設籍在內的投資客。但有些弱勢族群全家十幾口人擠在不到二十坪大的房子裡，窮到連基本生活需求都得靠人接濟，就算想借錢在屋裡蓋廁所，恐怕還借不到錢呢！

而每間房子屋齡、屋況不同，日曬雨淋、颱風淹水，受損狀況各異，家家戶戶的生活需求、人口數變化也不同，居民因需要時搭蓋違建的時間點也不同。但依規定七十七年八月一日前已存在之違建，才得以配售專案住宅，那麼之後才搭蓋的違建怎麼辦？有些老實憨厚的居民，初時不敢違建，觀望許久，忍耐著直到家中人口爆增，實在住不下了，才擴增違建；有些弱勢家庭則直到屋子壞到不堪居住，才借錢搭蓋違建；也有些人家早年屋況還行，心想政府一直在談要開發，就勉強先住著，以免蓋了之後，很快又要被拆掉，直到因颱風淹水，屋子損壞得太厲害，心一橫，才花錢翻修搭違建；又有些人家因子女晚婚晚育，直到近些年才因需要而擴建……，狀況不勝枚舉，這些人因違建晚於規定的時間點，通通都不符合配售資格。

居民共識，先建後拆

至於大量有屋無地的違建戶，本身已經違反限建規定，根本不敢信任市政府，怕被排除在外，得不到任何補償與安置，流落街頭。所有居民的共識，都是先建後拆，確保有住的地方，並瞭解居住實況，從寬認定補償條件、配售資格。

雖然政府強調會有妥善的安置補償計畫，但並非所有居民都有能力去購買政府所建構的安置住宅，尤其有屋無地者，往往更沒有能力、也沒有配售的權利去購買，縱使政府表示會有社會住宅或公共住宅的補貼配套，但細節模糊，居民對於開發後，可能無屋可住，感到不安。

許多在地人認為，若依現有的安置方式，將有相當高比例有屋無地的居民（依市府統計：島上約有一千戶有屋無地者）無法被安置，社子島的開發可能反而造成這些居民的生計問題。

一紙開發案，不僅是土地上建築、景觀全面更新，土地經過徵收、整體開發、重新分配，必定造成原有聚落被打散。聚落「散庄」後，居民與土地的情感也將被重新洗牌。因此，也有不少居民認為，開發後，會失去社子島獨特的人文民俗及鄰里間濃濃的人情味，即使方案保留地方聚落紋理，有在地改建的方案，但居民仍擔心開發後，住進公寓，鄰里情感也將開始疏離；許多老一輩人則擔心，現在習慣平房、農園，也與老鄰居有深厚感情，未來怕會住不慣高樓大廈。

多年來，社子島上雖然生活品質低劣，許多人搬離，但也有不少人是外出奮鬥有成，又決定返鄉定居。對他們而言，和家族、親朋好友住在附近是非常重要的，不管發生什麼事，一旦需要幫忙時，親友就近在咫尺，彷彿心靈的避風港，這或許是外人難以感同身受的，這些人對開發案，或支持、或反對、或持觀望態度，但是都充滿了不捨的矛盾心情。

另外，也有不少人擔心，如果開發了，許多社子島才有的特殊民俗與文化，例如划龍舟、元宵夜弄土地公，以及庄內廟宇的繞境活動、陣頭文化也會跟著消失。雖然孩子會嫌這裡落後，不想帶朋友回家，但社子島有很多珍貴的文化資產，三合院古厝、元宵節夜遊等等，都應好好保存。開發後，這些文化都可能消失不見，就算不能保存，也應留下紀錄，才對得起後代子孫。但有聲音的，倒也難以完全代表沉默的大眾，至於在地意見領袖，對於開發案，或許除了自身利益的考量外，尚需考慮到居民的態度與意見，有時候也很難做人。

合理顧及少數民意，才能為開發案解套

當民眾意見分歧，又有許多沉默者對地方事務態度漠然，政府也十分為難吧？雖然一次又一次地在社子島進行座談會，但官方與地方明顯溝通不良。

在這種情況下，如果兩里里長和地方意見領袖能坐下來好好溝通，找出民意共識，與政府協商，並將可行的規劃案內容與配套方式切實傳達給里民瞭解。當然，或許仍不免順了姑意、逆了嫂意，但民主精神原就是尊重最大公約數、並合理顧及少數民意，才可能為開發案「解套」。

回顧往昔的幾個開發案，除了地方難有共識外，政府官員在面對居民訴求時，往往因為現有法令框架及限制，所擬定的開發案內容及徵收配套方式，難以確實回應在地居民的需求，總在「安置賠償」這一關就「卡住」。而開發案的內容，也未與地方居民進行商議，例如過去所提的博弈專區或色情專區，即未考量民意，受到當地居民的強烈反彈。

新的開發案，雖做法創新，又有三個選項，但事先也並未先聽取民眾意見與需求，三個方案所規劃的住、商、產研、休閒、生態等，看似兼顧了全面性的需求，但真是民眾要的嗎？

縱使方案中規劃了產研區，但島民依舊擔心，在地人口老化，且過去多為務農、當土水師傅、在工廠工作，普遍缺乏專業技能，未來產研區進駐的產業，真的能為居民帶來工作機會嗎？或是反而導致在地居民無法從事原有工作而被迫失業？

而對在地工廠廠房而言，即使有產研區，由於產業結構不同，也將面臨被迫關廠或遷廠。

據瞭解，社子島當地約有二八六家製造業，還有超過一七〇家零售產業，這些違章工廠當初可能動輒斥資數百、上千萬元，以遠較市區低廉的租金向地主租借土地、搭建廠房、購買生財器具，好不容易工廠生產上軌道，交通又這麼方便，一旦開發案成立，對工廠負責人而言，本身是違法者，很難奢望求償，一切投資將化為烏有，而離開社子島又能到哪裡去找一塊租金如此便宜，離臺北市區又近，且交通十分便利的地方？

不過近年來，由於經濟衰退，這些地下工廠及廠房的遷廠成本已較過去低，到新北市或外圍城市租廠房也不困難，較不致於因開發後難以遷廠而走向停業的窘境；但還是難免會付出相當的成本代價。

另外，在違建工廠任職的員工，有些是世居本地的民眾，也有短暫居住的外地人。有些人在此工作、成家立業，一旦工廠拆遷，即將面臨失業。雖然開發後有產研區，進駐的產業也能提供就業機會，卻可能是這群勞工不擅長的工作，未來終究是不可知的，在經濟實力薄弱的情況下，內心的焦慮和恐慌可想而知。

官方說法「補乎你哉」居民權益試算服務

對於民眾的諸多疑慮與不滿，市府印發了「問答集」，並提供電子檔供民眾索取，且一再強調「希望社子島特別安置計畫能走出一個新模式，對於有屋無地、無屋無地者，也給予保障。」在面對媒體提問時，曾提出特別拆遷安置計畫構想，包含出租公宅、專案住宅、公辦協力造屋與區外安置。符合承購資格者，將得配售專案住宅，而剩餘之專案住宅將轉為公共住宅，提供給弱勢居民或無法承購專案住宅之拆遷戶。針對小地主不易合併者，可選擇特定街廓委由市府代建，進行公辦協力造屋。同時，市府也計畫提供位於士林北投科技園區之住宅，作為社子島居民區外安置之選擇。

此外，北市地政局長李得全也說，現階段市府已經完成對社子島住戶的全面普查，社子島「有屋無地」的居民約有一千戶，將訂定只適合社子島的安置特別條例，但自治條例仍須議會通過。

相較於過去，北市府做法往前踏進一步，成立「社子島開發專案辦公室」、創新做法的 i-Voting 及「補乎你哉」居民權益試算服務，應是值得肯定。由於居民意見紛歧，對三方案仍有諸多疑慮，原訂二〇一六年一月三十一日投票的 i-Voting 延長到二月二十八、二十九兩天，一月三十一日當天，市府團隊並由柯市長領軍，再次前往社子島舉辦座談會，期能與居

副市長林欽榮表示期盼社子島開發案展現創新的治理模式。同時啟動「補乎你哉」的補償試算服務，為每位島上居民提供權益試算，居民可選擇現場諮詢、電話諮詢，或在家試算。（攝影/林淑雯）

（圖片提供／中央社）

民增加雙向溝通，提高投票意願，但居民仍發起罷投。

投票前幾天，北市府突然又在三個方案以外，增加「不開發」的選項，記者曾問柯市長是否在賭氣，柯市長脫口回答：「或許是吧！」柯市長向來多有語出驚人之舉。例如之前在記者會上曾公然表示，乾脆不開發，發給每位居民三〇〇萬元，引起嘩然，激起不少社子島民的反彈。在一月三十一日的座談會中，也曾說，錯過這次開發案，大概不會再有哪個「肖仔」願意幹這種傻事。諸如此類的快言快語，聽者倒也不必太過在意，那或許是柯市長在聽聞民意後的善意回應方式也說不定呢！

總之，千呼萬喚的 i-Voting 順利舉行，總投票率約為三五％，「生態社子島」勝出（三〇三二票，佔總投票數五九．五六％），「運河社子島」次之（八二五票，佔總投票數一六．二一％），「咱ㄟ社子島」與「不開發」平分秋色（均為六一七票，各佔總投票數一二．一二％），福安里里長謝文加在接受媒體採訪時說，許多里民沒有去投票，並非代表放棄、支持不開發，而是市府提出的方案與條件都不好，三五％投票率，無法代表不去投票的六五％。的確，若按公投法規定基礎門檻需有過半投票率，雖然選擇「生態社子島」者將近六成，卻僅佔社子島總人數的兩成，而從i-Voting 的低投票率看來，柯市府與民間的溝通應該再好好加強。

據瞭解，「生態社子島」應是柯市長較為中意的方案。投票當天他到現場了解投票情形，在回答媒體詢問時，表示該選項「應該說是方向不是方案」。副市長林欽榮則補充說，未來將會擴增社子島專案辦公室，包括水利處、環保局、工務局都會進駐，並繼續協助居民接水接電，居民關心的土壤液化問題，也會要求工務局進一步分析，強調「i-Voting 意見不是定稿方案，容積率、空間布局都要再溝通討論。」

無論如何，開發方向確定了，之後就會進入都委會、環評、防洪計畫、區段徵收等階段，居民最在意的，仍是希望柯市長兌現之前對社子島居民的承諾，持續溝通拆遷與安置問題，讓居民未來都有房子住。

葉家源科長：府、民合作，為明日社子島打拼

臺北市政府都市發展局都市規劃科科長葉家源接受採訪時表示：多年來臺北市政府一直設法突破中央限制，希望為「社子島開發」找出多贏方案，努力和中央及地方居民溝通。

相較於其他開發案，社子島開發案的拆遷安置補償辦法，在許多方面都是條件最優惠的，例如：一、公辦協力造屋，是全新的安置構想。為了能實際照顧到小地主，方式是由政府協助匯集小面積土地進行規劃、建造（細節仍在規劃中）；二、專案住宅有增配的相關規定；三、對於有屋無地者及弱勢族群，提供公共住宅的租賃。

雖然居民還是不滿意，但市府會加強溝通，並有誠意為居民謀求最大利益。不過，一切還是得依相關法令辦理，例如部份居民強烈質疑申請承購安置住宅之年期，訂在民國七十七年八月一日過於嚴苛，那是源於「臺北市舉辦公共工程拆遷補償自治條例」明文規定「臺北市拆除違章建築認

定基準」於民國七十七年八月一日公告修正，因此就做為既存違建與列管違建的時間分隔點。

又例如有居民質疑為何專案住宅容積率高達四五〇％，發還給民眾的容積率卻較低，住宅區容積率只有一六〇％，似乎不公平？事實上，專案住宅之容積率較高，是在兼顧環境品質下，對居民有利的角度思考，一方面政府能提供較多配售戶。另一方面，因為專案住宅是以建築成本配售的，當每戶土地持分較少，就能成本降低，減輕配售戶的負擔。有關居民關心未來各分區容積率之議題，我們還會再進一步整體思考檢討修正。

此外，關於產研區，民眾質疑為何不先就明列將引入什麼產業？

一個開發案做下去，影響後世數百年，而開發後，新環境要漸漸成熟，至少要二十年。例如臺北市信義區，從開發後到環境逐漸成熟，經歷了二、三十年，才有今天的樣貌。而美麗華——基隆河截

臺北市都發局規劃科葉家源科長。
（攝影/楊麗玲）

彎取直整治計畫工程完成後，河畔新生地區域諸多新開發案之一，為臺北市中山區的大型綜合用途購物中心──倘於十年至二十年間能看到開發成果，算是很快的了！

社子島若能順利開發完成，再等到環境成熟，應是幾十年後的事，而隨著科技進步，國際經濟、產業動態變化快速，若現在就確定產業別，是否能因應未來的實際需求？

其實，民眾若對開發案有任何疑問，或想瞭解最新動態消息，都可以隨時上網到「明日社子島」官網查看。市府也考慮到社子島居民特性，弱勢及老齡人口多，可能不習慣使用電腦，也特別整理歸納居民們所關心及質疑的重點，印發「開發計畫問答集」紙本，方便居民查閱。

社子島民 i-Voting 後，未來開發案仍須經臺北市及內政部兩級都委會審議通過始能定案，後續市府將會擴增府級專案辦公室，納入水利、環保及建管人才，並強化與當地鄰里長、居民的溝通，且啟動都市計畫委員會研議容積率、安置計畫等鄉親關心的重大問題，群策群力，使都市計畫、防洪計畫、環境影響評估及區段徵收等四大重點工作能加速推動。此外，市府也將於今年啟動「地上物查估」，針對社子島的農作、建物等進行詳細查核，做為日後拆遷安置補償的依據。

社子島自然環境優美、生態豐富，若能成功開發，對臺北城市未來發展，是個千載難逢的機會，除了借鏡國際著名水岸城市外，也會努力保留在地獨特的人文脈絡。環境是在地居民的，如何創造社子島未來的最佳願景，需要所有居民共同關心，把眼光放遠，而非只看眼前。

臺北市政府與居民是站在同一陣線上的，是合作關係，而非彼此對立，這麼多年了，開發案好不容易走到這裡，總要先跨出去第一步，支持市府能繼續往前推動，如果因為一些小問題就停滯不前，開發案又回到原點，實在太可惜了！今天，社子島開發案會這麼棘手，很大的因素是拖太久，但繼續拖下去，拖愈久，對居民愈不利，葉科長深切期盼居民能和市府一起努力，共同為明日社子島打拚！

柯文哲市長：社子島開發計畫就是「讓你比現在好」

針對居民最關注的安置賠償與容積率問題，柯文哲市長特別向社子鄉親們說明：

「國家的法律規定，有其公平性，不可能設立一個特別條例只適用在社子島，而臺灣其他地區都不適用。除了繁榮發展，居民安全性也是重要考量，社子島的地質特殊且較脆弱，要蓋四、五層樓沒問題，但是要蓋二十、三十樓，恐怕是有安全上的疑慮。對我來說，社子島開發計畫就是『讓你比現在好』、『變成合法的』，不要想社子島一開發完成後，突然變成有錢人、一夕暴富，這不可能！政府施政的目標是讓每個人民的生活過得比現在更好。」

柯文哲市長也強調，一個政策的執行，無法等待大家都滿意才去執行，所以政府通常是以「大多數人民的利益」為原則，個人太特殊的問題則以專案去處理，政府要照顧的是「絕大多數人民的福利。」

他誠懇地拜託居民：「社子島已經禁建四十六年，今年再過就四十七年了，我們常常在想說要留下什麼環境給下一代？如果我們這二、三年沒有解決社子島問題，很有可能就這麼永遠拖下去了。不管以前怎麼樣，現在已往前走到這個地方了，我們要在現有的基礎上解決這個問題。我願用最大的誠意來處理，聽大家的意見，如果大家有一個共識後，我願意用最大的毅力去完成。」

柯市長也提到，若社子島真的啟動開發計畫，臺北市政府將投入好幾百億，這對社子島發展來說，絕對是一大利多。

林欽榮副市長：將社子島納入法制內的都市計畫

「生態社子島」方案雖經住民投票勝出，但部份委員對於開發案仍持不同看法，委員黃台生提到，其實最不滿意的是交通規劃，因為在整體計畫裡，防洪、畫地都很清楚，反而交通部份琢磨過少；委員郭城孟以小林村為例，認為現在國際氣候變遷，瞬間雨量難預測，如何因應是重要題目。

面對質疑聲浪，都發局表示：目前社子島平均容積率考慮由一七六%提高為二二〇%，另外島內未來將搭建輕軌，預計會有七個站點，從芝山站到社子大橋，為保留當地理紋理，歷史建築及宗教場所，也會規劃在中央綠帶區予以保留。

林欽榮副市長則表示，都市計畫是一個環境治理的關鍵工具，許多人都提出質疑，社子島要不要繼續做下去，他的觀察認為是必要的：「今天討論社子島開發，我不認為是開發，因為社子島早已開發，且是失控式開發」。

林欽榮副市長說，沒有絕對最完美的計畫，只有盡量求社會大眾能夠接受。社子島是臺北市「一個城市兩個世界」的特殊狀況，有必要改善差異仔細規劃逐步進行，但北市府也絕對不做社子島的房地產，而是要將社子島納入法制的都市計畫。

向國際借鏡，荷蘭分享與水共生開發經驗

臺北市政府經 i-Voting 票選出「生態社子島」為開發方向後，並沒有停下腳步，二〇一六年五月委由荷蘭代表處協辦，進行了「臺北—荷蘭生態社子島國際工作坊成果發表會」，邀請荷蘭頂尖大學台夫特理工大學都市水資源管理系的教授，以及經驗豐富的業界翹楚與會，汲取經驗。除了社子島專案工作隊，也邀請了臺北市的都市計畫及都市審議委員，期望打造具有國際視野的「生態社子島」。

這場成果發表會中，北市都發局局長林洲民的簡報令人眼睛為之一亮，他說，荷蘭與社子島有諸多地方相似之處，都必須「與水共生」。荷蘭約六%國土位於海拔以下，政府與人民不斷面對水的問題，除累積豐富經驗，並在過去二、三十年間，對外輸出與全世界分享經驗，這些觀念值得好好參考。

都發局局長林洲民提到社子島是個漂亮的溼地，甚至可能是全世界最

大的溼地公園，經建立疏洪道後，現有九公尺防洪線若經過水利專家協助則可望下修，社子島不需要填土也能開發。他期待社子島不是臺北的威尼斯、阿姆斯特丹，而是「臺北的社子島」，是個很有建築特色的生態新社區。林洲民局長提出要開放兩條水道，一條讓漁船進出，一條是灌溉使用，保留當地原始的生活樣貌。

來自荷蘭的四位專家學者，依據臺北市政府提出的五大問題：土地使用及都市規劃、水資源管理、中央軸帶公園、公共住宅政策及綠色能源（綠色交通）也在會中提出具體建議：

Jaap Van Der Salm 表示，臺北市政府對社子島有遠大的目標，要讓當地居民得到完善的都市環境，且有能力吸引新的居民，臺北市政府不只是要蓋個新市鎮，而是要有示範功能，讓其他城市仿效。他強調，市政府現在要做的是讓大家知道這個遠大目標，且凝聚共識。

Frans Van De Ven 則從水文方面給出建議，提醒一定要考量到河川作用的風險評估，例如：河水氾濫、防洪、氣候變遷及海平面上升等等，都需要清楚的量化管理及策略，還有防汛期間的閘門、抽水站運作管理，以及乾季時如何維持水循環，民生設施也要做保護措施，確保電信、發電、疏散設施的暢通。

Piet Klsbeek 則談到中央軸帶公園，社子島與荷蘭的環境很相似，但是社子島的雨量更大，除了中央軸帶的運河外，不管是公共設施或私人建物都要一起做好儲流防洪的工作。他也提到要讓中央運河與都市環境緊密結合，並聯通其他次要系統，確保社子島的任何角落都有跟公園共生的感覺。他也特別提醒地下水水位也將影響堤防的穩定度，臺北就曾經有這樣的例子。

Samuel De Vries 則從綠色交通、生態廊道及綠色能源著手，談到現有規劃應該要再加強之間的相互關係，規劃時也要以公共運輸工具為優先。綠色能源也包括建築物本身可以降低能耗，例如設計時優先考量太陽能、風力發電等，並訂定量化目標才能清楚執行。

林洲民局長：有想法就要清楚表達，有「異見」更需要溝通合作

林洲民局長相信，理念宣導與溝通管道的完整度，是直接影響政策推行的重要關鍵。臺北市政府一年來努力推動公共住宅政策的理念，並透過各種溝通渠道與互動機制，如：面對面戶外開講、座談會、公聽會、展覽、宣傳微電影等，試圖以最大的誠意，傾聽市民聲音並進行對話。

他說：「我們將回歸政策推動的基本面，從公權力角度、媒體角度、民意角度及學界角度，重新檢視當前社會氛圍，思考如何建立更札實的溝通機制。他們的想法和市府或許不同，但所有意見都是為了讓這個城市走向更好的境界，透過激辯與溝通的過程，我們將一起引領市民跨越鴻溝，共同踏上推動居住正義的第一哩路。」

荷蘭專家學者們，相當肯定臺北市政府在面對社子島問題時的態度，在規劃時非常努力邀請當地民眾及各領域知識專家一起參與，雖然目前經

過投票已決定方向是「生態社子島」，但也要繼續思考其他提案有無優點可以整合到現有的計畫裡。另外，還建議也許可以先設點示範，展示給民眾看，將更有說服力，他們帶來的就是荷蘭觀點及經驗，可以讓社子島更美好。

柯文哲市長在這場國際工作坊結語時表示，社子島是在兩個河流當中的土地，禁建四十六年開發延宕多時，顯見是非常複雜的問題，這也是最後改變的機會，願意發揮最大的毅力去處理。臺北市政府在這個開發案當中也非常強調專業，不論是水利、交通、都市發展、地政等等皆是，柯文哲市長說：「現在戰略方向確認，剩下就是要努力完成。」

期盼立下城市美學新典範

說悲情太沉重，四十六年了，法令終將鬆綁，在茫茫歲月裡載浮載沉的社子島，卸下揹負沉重的防洪十字架，命運翻轉，似已看到一線生機。位居兩河環繞獨特且重要地理位置，社子島未來走向，絕非僅是社子島地方事務而已，若規劃得宜或將成為臺北邁向綠色水岸城市重要基石，改變全臺灣都市發展模式，立下城市美學新典範。

前有黃大軍寫下〈心內的鑽石〉這首詩歌，多年後，又有社子島民陳文煌創作的台語歌謠〈臺北尚水的庄腳所在〉，但願能轉化悲情為樂觀。無論如何，在 i-Voting 後，社子島邁向轉變的前奏曲已經響起——且以這首在地人所寫，屬於在地音符的〈社子島之歌〉祈祝走出悲情、走過暗黑後，社子島的未來將會更光明。

啊～你甘知啊你甘知　社仔島是臺北尚水的庄腳所在

四季花開有機菜　蝴蝶弄花海　綠色生態大自然迪斯耐
啊~你甘知啊你甘知　社仔島的素肉丸油飯出名原在
島頭公園向觀音　夕陽照五彩　釣魚放風箏快樂又悠哉
遠遠傳來的鐘聲關渡宮治對面岸
岸頂散步情人影　環島來騎腳踏車
花跳毛蟹滿岸坪　田呢火金姑四過有得看
啊~路好找啊　路好找，延平北路七段頭到九段尾
輕輕仔風　微微仔吹　痲鴞（老鷹）天頂飛
基隆河甲淡水河　懷抱這塊地

附錄 1
從老地圖看社子島的前世今生

橫越大臺北地區，從金山到樹林的金山斷層、山腳斷層是臺北盆地生成的最主要原因，而這條斷層與三河交會的位置便是在社子島附近。

八十萬年來，因為大屯火山群的地質活動，山腳斷層的南側不斷沉陷，因而形成了台北盆地，山腳斷層塌陷超過六、七百公尺以上的深度，林口台地最高不過兩百米，其餘的已被基隆河、新店溪和大嵙崁溪不斷沖刷下來的沙石、泥土等沉積物所掩蓋。台北盆地沉陷最深的地方也就是在林口台地下方的五股，所以五股一直是台北盆地最低窪的地區之一，五股與社子不過一水之隔。

開鑿二重疏洪道、五股工業區開發之前，五股還存在著一大片水澤，有人說那是康熙台北湖的最後遺跡。工業區開發後，那片「汪洋」隨之消失了。三百二十年前的福州府幕僚郁永河來到台北盆地時，看到的康熙台北湖範圍更大。

當時郁永河並沒有看見社子島，即使之前有，也沉到水下了。台北盆地內的「大湖」是三年前地震造成的。一般人或許會覺得這個說法不可思議，甚至近年一位知名的臺灣史學者撰文堅稱「大湖」根本是郁永河個人的錯覺、誇大之詞，所謂「大湖」不過較寬闊的河道罷了。

是不是郁永河個人的錯覺、誇大之詞，沒有人敢打包票，但是因為山腳斷層的活動，而使得台北盆地內形成一座大湖，在研究台北盆地生成的地質學者看來，並不值得「大驚小怪」。

九二一地震發生之後，大地地理雜誌曾在知名地質學者王執明教授的指導下，模擬山腳斷層的活動後，斷層帶下陷一、三、五、七公尺後的狀況，台北盆地果然形成大面積的積水，社子島首當其衝，完全沉入水中。

除了一六九四年的那次大地震外，乾隆年間台北盆地又發生了一次大地震，估計還是山腳斷層活動的關係，結果社子島又造成嚴重的下陷。

以下我們根據一六五四年以來的老地圖，探尋社子島變遷的軌跡。

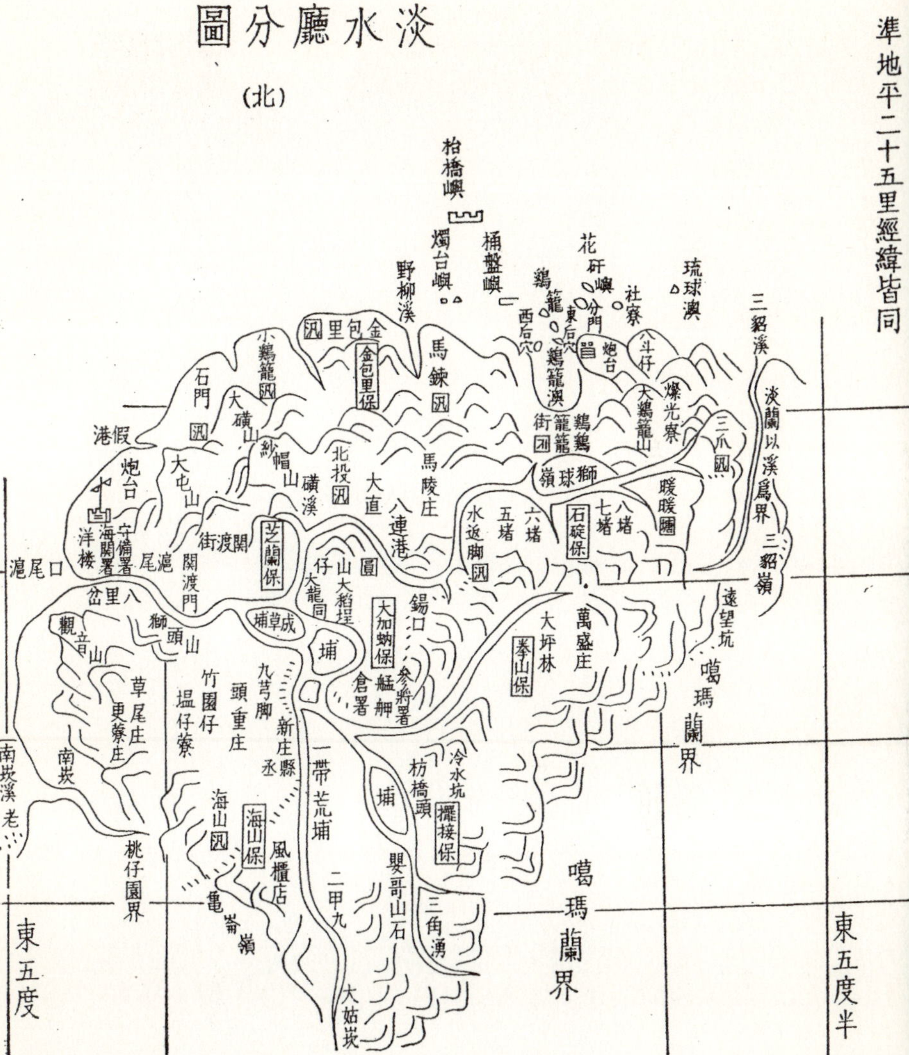

同治年間出版的《淡水廳志．淡水廳分圖》顯示在大嵙崁溪，新店溪、基隆河交會處形成社子島、蘆洲、三重埔等一系列沙洲。

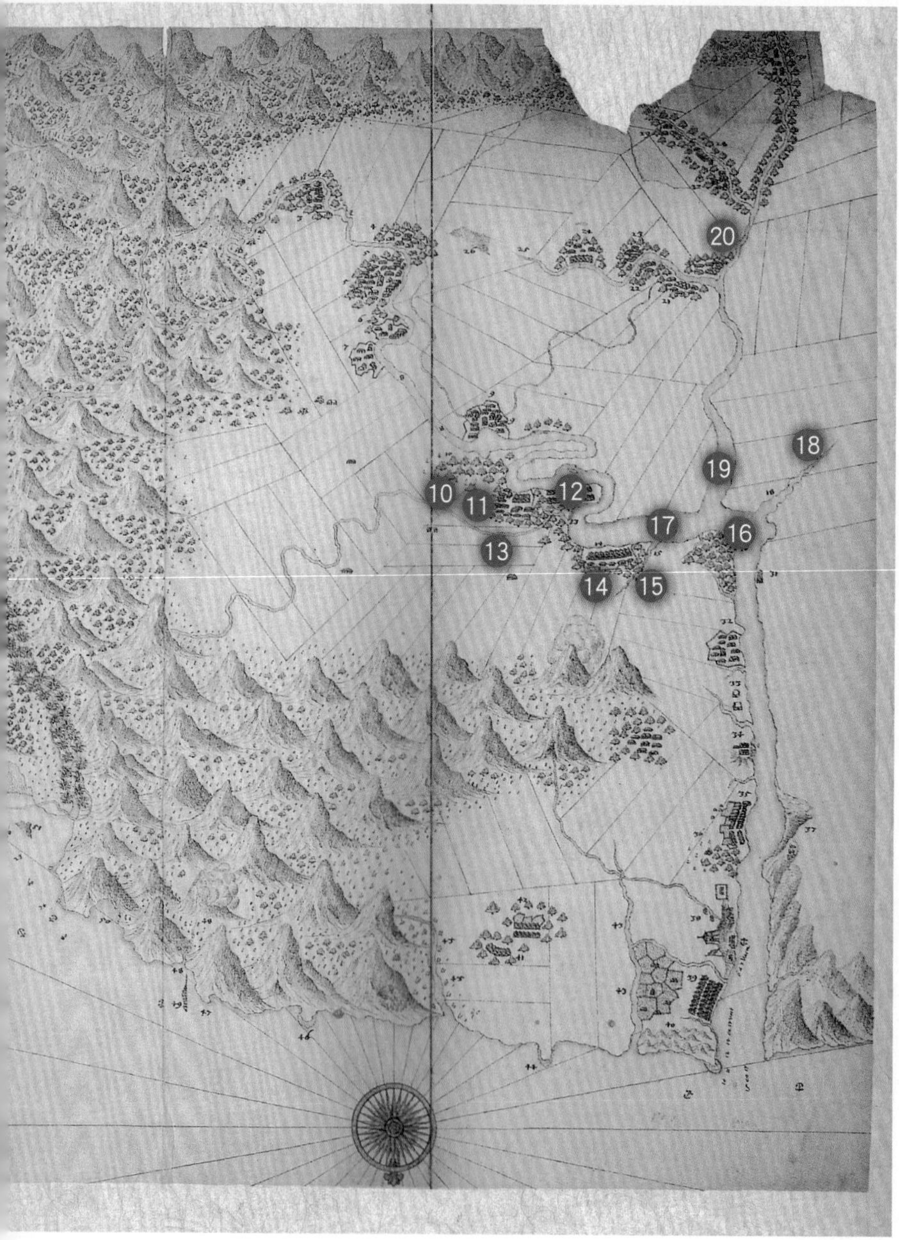
20
18
19
10
11
12
17
16
13
14
15

1654大台北地圖

本圖是1650年代擔任荷蘭東印度公司派駐在雞籠與淡水地區的主管西門・給爾得辜（Simon Keerdekoe）提交公司的一份報告書的附圖。原圖是給爾得辜的手繪圖，現圖是東印度公司巴達維亞總部製圖師根據原圖抄繪的。

圖中顯示基隆河除大直段不變外，其餘河段變化很大。基隆河與新店溪於圓山附近交會，而交會處並沒有形成曲流，也沒有像現今社子島一樣的大片沙洲，或半島。此圖繪於康熙34年（1695）大地震之前，正好說明了康熙台北湖形成之前台北盆地的地形地貌。以下附錄原圖標示的士林一帶的地名。

10 Marnats bos馬納特森林（劍潭山）
11 Pourompon大浪泵（基隆河北岸）
12 Kimassouw麻少翁（社子）
13 Sprijt Van Kimassouw麻少翁社支流（雙溪）
14 Kirananna奇里岸（石牌國小一帶）
15 Swavel spruijt磺溪/台北市北投區磺溪
16 Ruijgen Hoeck灌木林河角（關渡）
17 Ritsouquie revier里族河（基隆河）
18 Spruijt nae Gaijsan往海山之溪
19 Pinnonouan Revier武勝灣溪（淡水河）
20 Pinnonouan武勝灣（板橋港仔嘴）

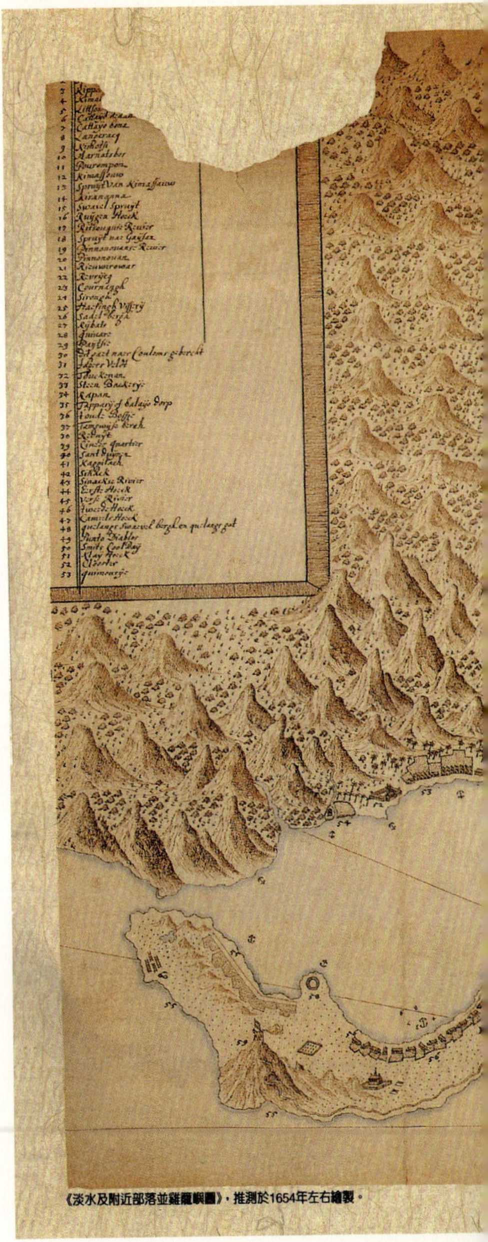

《淡水及附近部落並雞籠嶼圖》，推測於1654年左右繪製。

康熙台灣輿圖（大台北部分）

《康熙台灣輿圖》大約繪製於康熙中葉1700年之後。《裨海紀遊》記載康熙34年（1695）前後台北發生一次大地震，台北盆地因地層下陷，形成一口大湖，學者稱之為康熙台北湖。這張康熙中晚期繪製的《康熙台灣輿圖》雖然沒有描繪出這口大湖，但從此圖基隆河北岸一帶，平埔族部落標示的相對較詳盡，盆地中央地帶則不甚了了，從這點判斷，似乎也反映了這次大地震造成的後果。此圖兩河交會處和1654年給爾得幸（Simon Keerdekoe）繪製的地圖一樣，也沒有社子島的身影。

淡水港
至山朝鼻參拾里
至雞籠城水道貳更
淡水城
大浪泵社
雞籠社
八里坌山

⬆ 諸羅縣志附圖（大台北部分）
⬅ 雍正台灣輿圖（大台北部分）

雍正台灣輿圖與諸羅縣志附圖是除了《裨海紀遊》外，「唯二」記載康熙34年（1695）大地震後台北盆地形成大湖的史料，而且還是地圖，所以更能直觀的了解康熙台北湖的大小與範圍。

這兩組地圖，和郁永河的說法正好可以相互印證。比較兩者的地名寫法與分布，可說明這兩張地圖應該是不同繪圖者繪製的，所以康熙、雍正時代的台北湖，至少有三份史料可以成為康熙台北湖曾經存在的佐證材料，可信度應該是相當高的。此時社子島地區已沉於水中。

奇武子社
大山頂山
木喜乙龍社
大加臘社
武背社
秀朗社
里末社
擺接社
可泊大船
雷裡社
了阿社
大八里坌山
橫直山
橫直嶺
滬尾
大八里坌社
大南灣
坑仔社

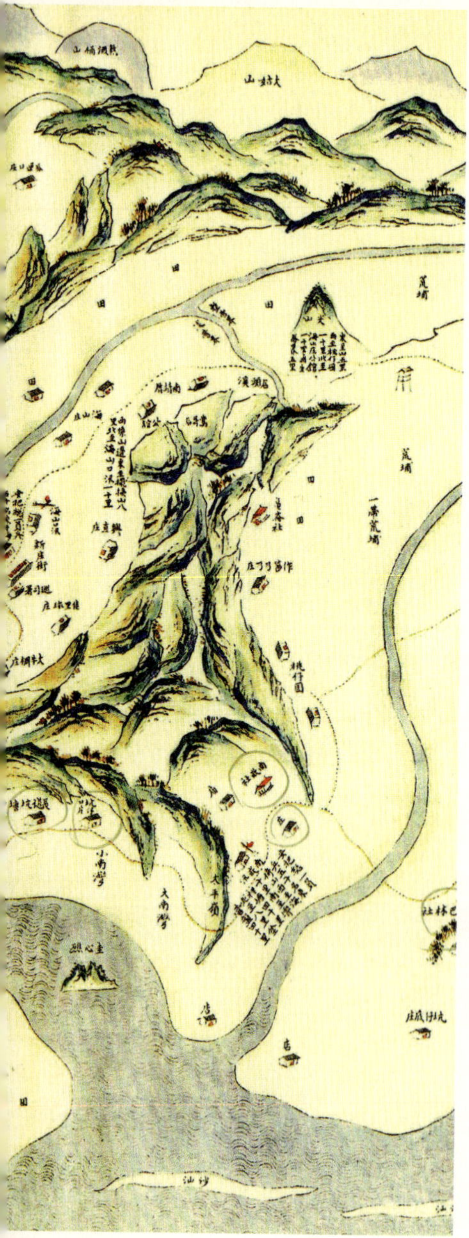

乾隆台灣輿圖（大台北部分）

此圖可能是最早紀錄社子島的地圖。

此時台北盆地內已是村莊遍佈，還形成了新莊、艋舺兩個街市，和雍正台灣輿圖與諸羅縣志附圖描繪的大片水域相比較，真可謂滄海桑田。此時社子島也浮出了水面。

但令人不解的是，圖中的和尚洲庄（即蘆洲），似乎更像是現在的社子島。葫蘆洲庄則是現在的社子街，基隆河在此形成的曲流也相當符合地形特徵，可現在的社子島跑到哪去了？

廣義社子島的尾端古地名為中洲庄、浮洲庄，1920年之前與和尚洲（蘆洲）同屬芝蘭二堡，可見社子島與蘆洲早年同屬一個地理區域。所以我們可以據此判斷，本圖的和尚洲庄應該包含中洲莊、浮洲庄。

根據光緒時代的地圖也能證明至晚到了1880年代，現在的社子島與社子街區也還沒連成一片。

另外，根據淡水河河口兩艘帆船的航向，可推測當時淡水河的主流與航道應位於現在的二重疏洪道上，這也是台北盆地內的一大地理變遷。

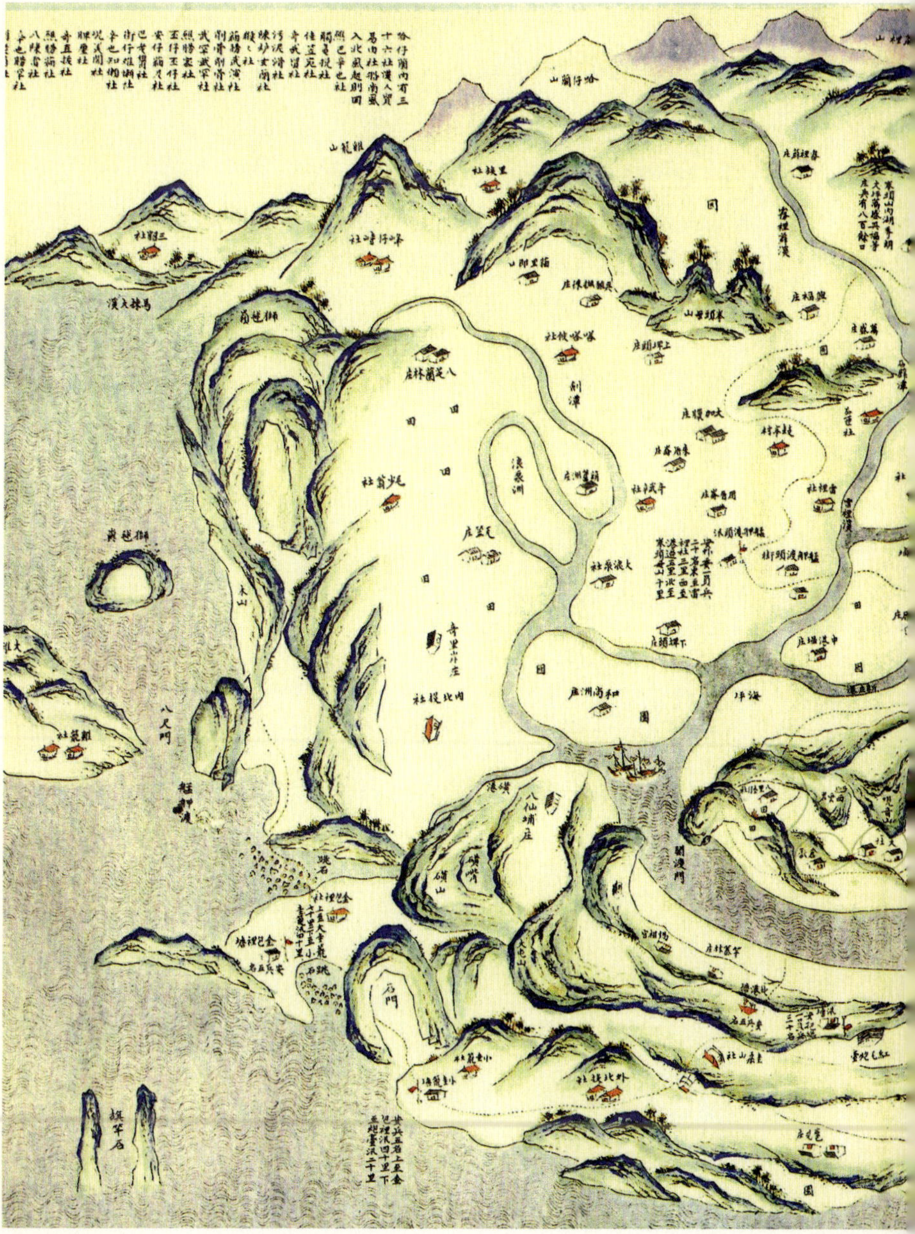
八芝蘭林庄
毛少翁社
內北投社
和尚洲庄
大浪泵社
關渡門
八仙埔庄
石門
旗竿石

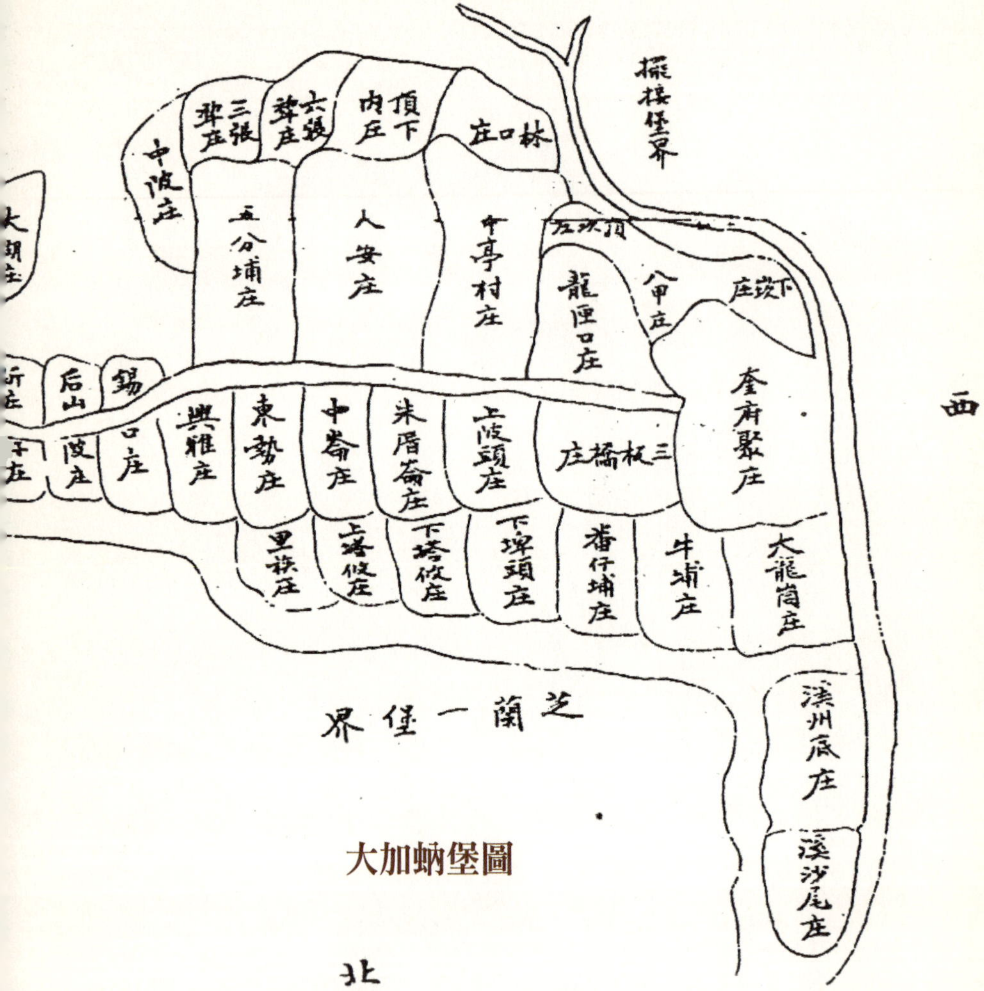

大加蚋堡圖

此三圖選自《淡新鳳三縣簡明總括圖冊》，說明光緒年代的初、中期，廣義的社子島（包含狹義的社子島與社子街區、葫蘆堵）分屬三個行政區。中段的溪州底、溪沙尾屬於大加蚋保，底部的社仔屬於芝蘭一堡，最尾端的中洲、浮洲則屬於芝蘭二堡，之所以如此，是因為三者被河道分割，至晚到了1880年代還沒連成一片。

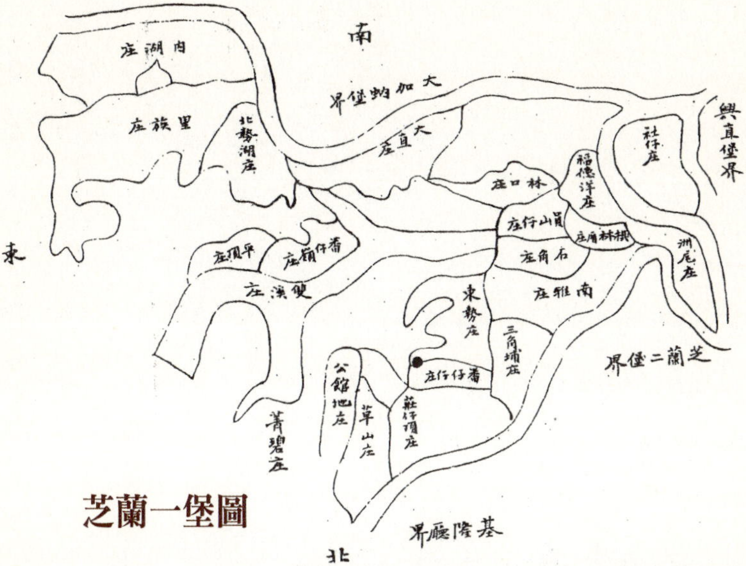
南
內湖庄
大加蚋堡界
里族庄
北勢湖庄
大直庄
興直堡界
社仔庄
福德洋庄
林口庄
圓山仔庄
石角庄
洲尾庄
西
東
平頂庄
番仔嶺庄
湳雅庄
東勢庄
三角埔庄
芝蘭二堡界
公館地庄
草山庄
菁碧庄
基隆廳界
北

芝蘭一堡圖

拳山堡界
基隆廳界

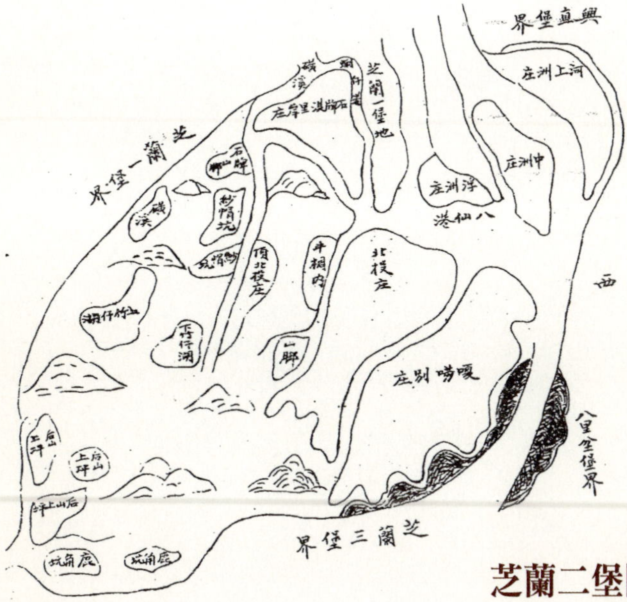
興直堡界
河上洲庄
芝蘭一堡地
中洲庄
浮洲庄
八仙港
芝蘭一堡界
磺溪
北投庄
頂北投庄
嗄嘮別庄
西
八里坌堡界
芝蘭三堡界

芝蘭二堡圖

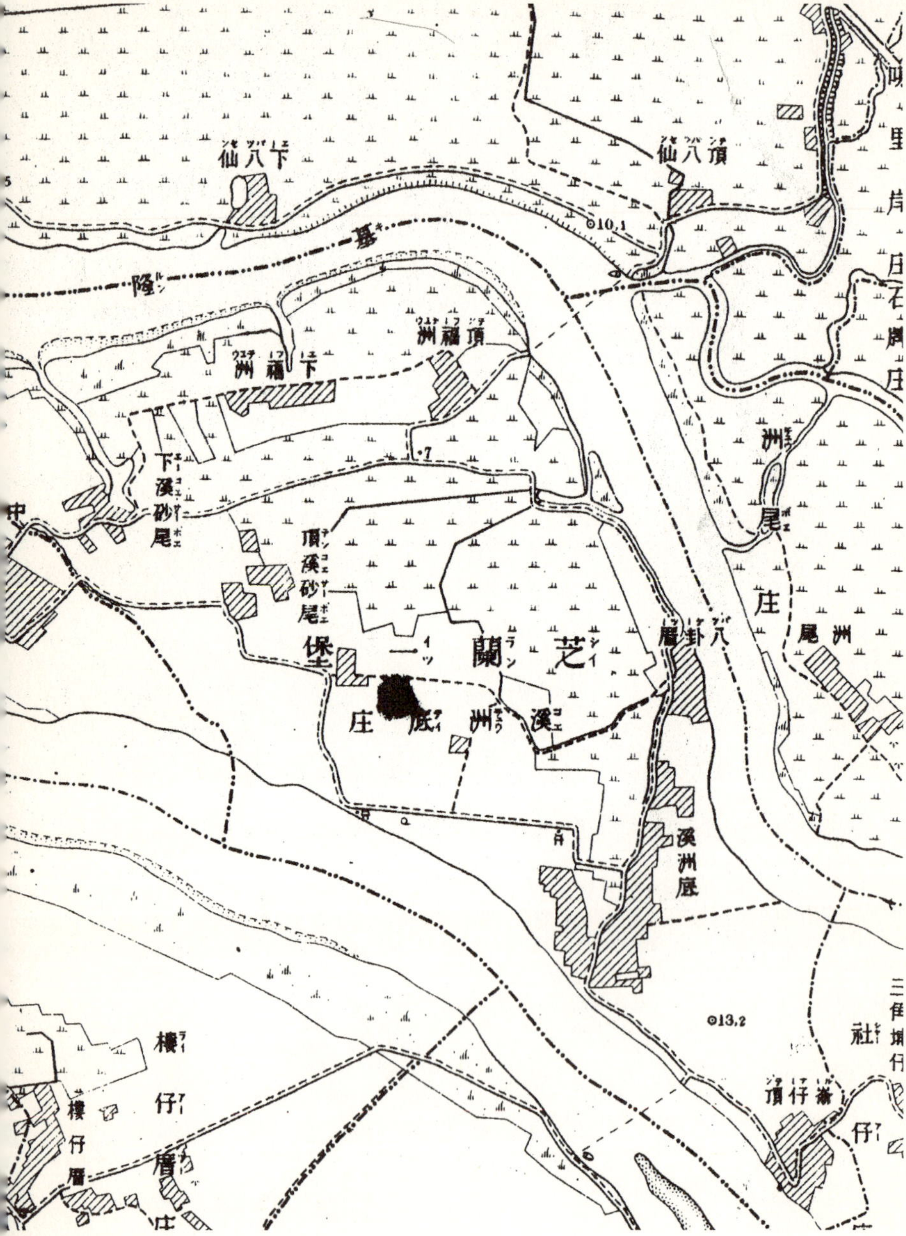
下八仙
頂八仙
基隆
頂福洲
下福洲
下溪砂尾
頂溪砂尾
芝蘭一堡
溪洲底庄
八卦厝
洲尾
洲尾庄
溪洲底
樓仔厝
樓仔厝庄
13,2
10,1

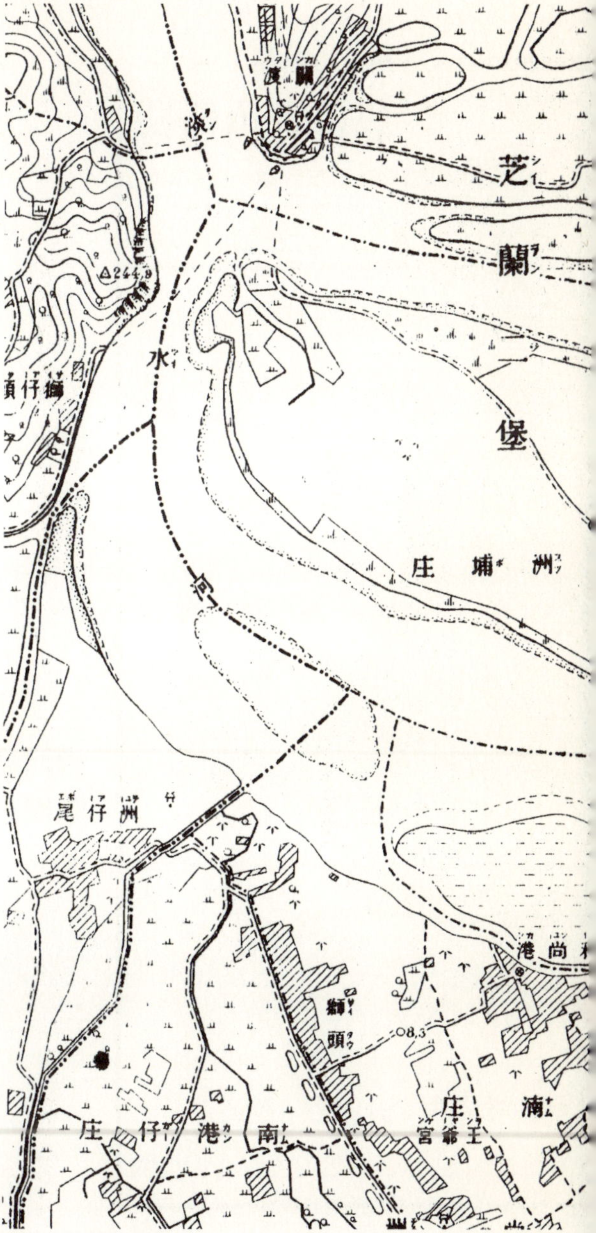

台灣堡圖22北投

到了日本時代初期，甚至再早一點，廣義的社子島終於連成了一片，只剩下底部的番仔溝將社子島與大龍峒分割開來。

台灣省縣市行政區域圖
陽明山管理局

廣義的「社子島」（葫蘆島）範圍原本包括社子、葫蘆堵、渡仔頭、三角埔、崙仔頭、後港墘、溪洲底、浮洲仔、中洲埔等村莊，亦即是基隆河道在未進行河川整治前與淡水河所包夾之番仔溝以北的地區。若以現今行政區分，則為士林區的社子里、葫蘆里、葫東里、福順里、富光里、後港里、永平里、倫等里、福安里與富洲里。1963年葛樂禮颱風後，實施大台北防洪計畫，造堤防、改河道——將基隆河河道，往西改道約500公尺，後港里因而被分割出去，不在廣義的社子地區範圍內。

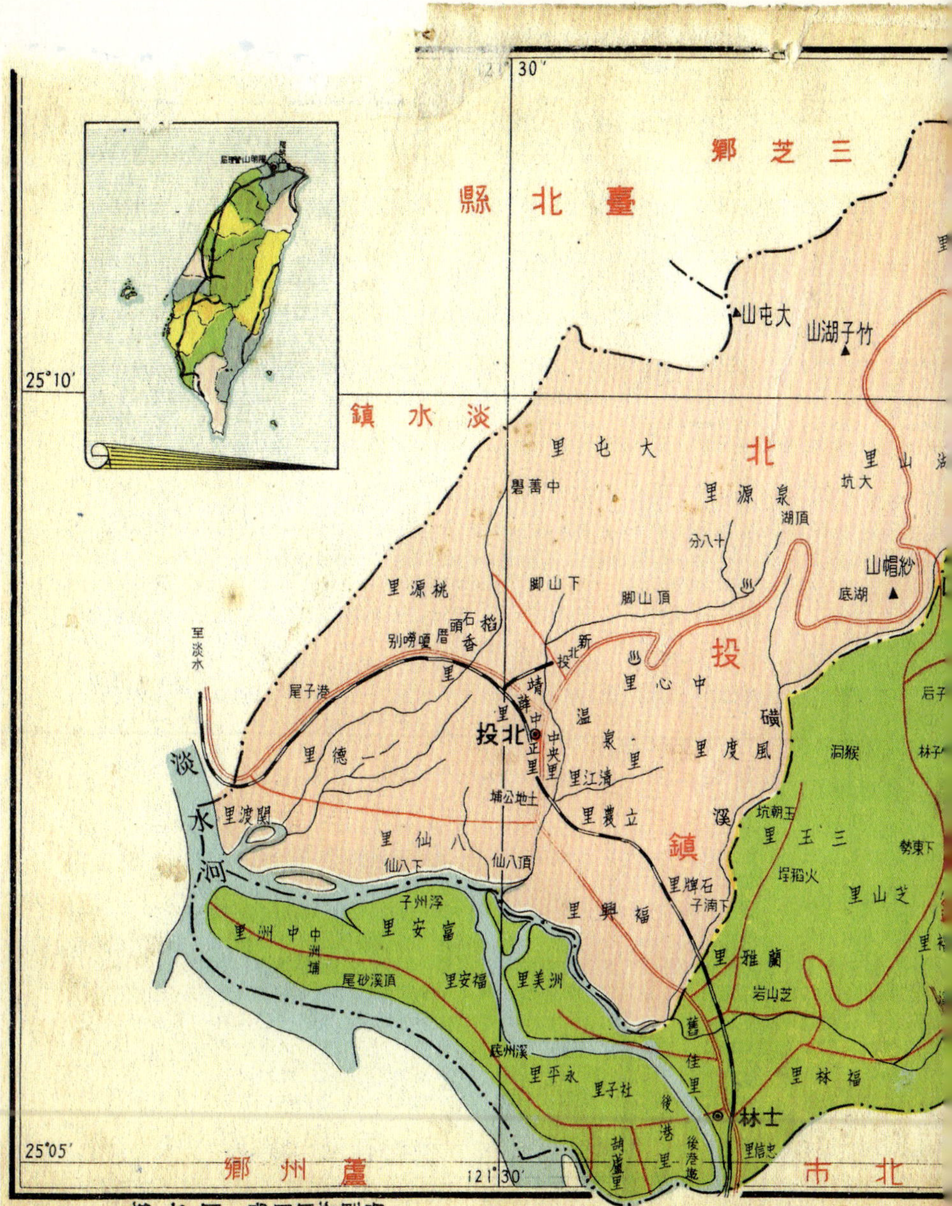
121°30′
25°10′
25°05′
臺北縣
三芝鄉
淡水鎮
北投鎮
蘆洲鄉
北市
大屯山
竹子湖山
紗帽山
大屯里
泉源里
頂湖
十八分
大坑
下山腳
頂山腳
桃源里
稻香里
港子尾
至淡水
新北投
北投
中心里
溫泉里
風度里
磺溪
清江里
中央里
中正里
立農里
關渡里
八仙里
下八仙
頂八仙
福興里
石牌里
下湳子
淡水河
浮州子
富安里
中洲里
中洲埔
頂溪砂尾
福安里
洲美里
溪洲底
永平里
社子里
後港里
後港墘
葫蘆里
舊佳里
士林
忠信里
福林里
蘭雅里
芝山岩
三玉里
王朝坑
芝山里
猴洞

第六圖 陽明山管理局

附錄2 社子島開發大事紀

清代

- 一六九四年大地震，康熙台北湖陷落。
- 同治年間的《淡水廳志地圖》中，沙洲已明顯浮現出來，原本是兩個島，中間還隔著水道，隨著泥沙淤積，兩個沙洲島才漸漸銜接在一起，狀似葫蘆，人們就取名為葫蘆島（葫蘆的腰身處，即昔日的水道）——也就是「社子島」的前身。

日據時期

- 一九〇四年，繪製的台灣堡圖，社子地區諸沙洲已經合併為一個葫蘆狀的大沙洲島。

日據時期，日本人有計劃地將台北城建設為台灣政治經濟中心。

都市化的過程中，盆地內部各聚落原有的農耕地逐漸消失，糧食蔬果需求無法自給自足，必須由外圍郊區補給。隔著番仔溝與台北相鄰的社子島就成了重要的供應區。

- 三〇年代，當地政府與士紳發動壯丁團勞動開闢

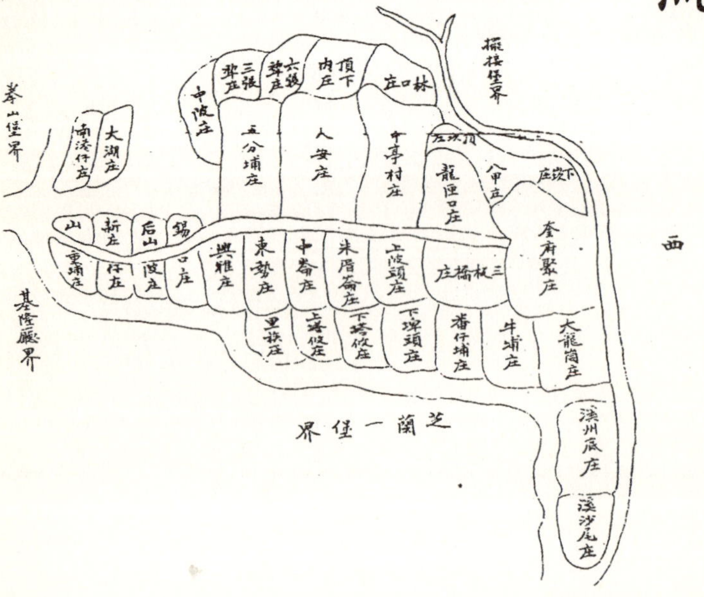

延平北路。

- 一九三七年闢建社子吊橋（士林吊橋）一九三九年三月竣工啟用。（一九八五年拆除）
- 一九六〇年，陽明山管理局在基隆河上興建中正橋（於基隆河改道工程後拆除）。
- 一九六二年，陽明山管理局在葫蘆堵通往大龍峒的「番仔溝」上建造了六十公尺的延平橋。（一九七五年番仔溝填平工程時拆除）

光復後

歷屆台北市長——

周百鍊（代理市長）1961~1963

- 一九六三年九月
葛樂禮颱風造成山洪爆發、海水倒灌，單日降雨量一千毫米，加上石門水庫無預警洩洪（每秒洩一萬立方公尺水量），大台北地區泡三天水，一萬四千間屋全倒；社子島水淹超過三公尺，數十人傷亡。

黃啟瑞 1963~1964

- 一九六四年
行政院通過社子島的淡水河、基隆河防洪築堤計畫，與基隆河士林段拓寬計畫，並截彎取直。
- 興建士林堤防、社子堤防、堵仔頭堤防，將葫蘆、永平、社子、倫等四里納入堤防之內，卻也將福安、中洲、富安三里，即今日的延平北路七八九段畫到堤外地區。

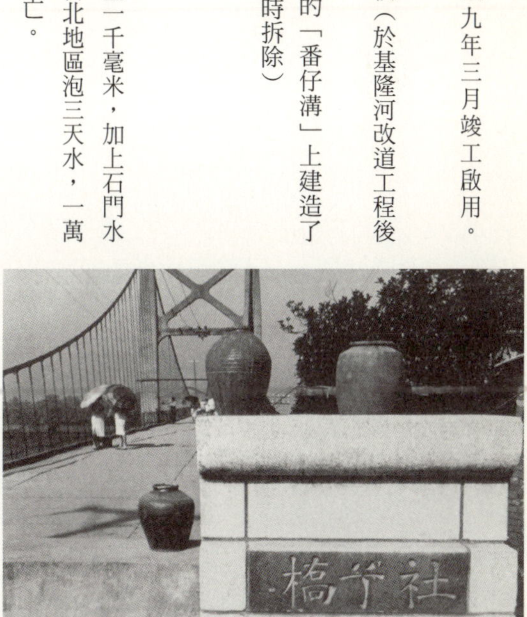

● 榮工處炸開淡水河位在五股與關渡間的獅子頭隘口，將河寬一下子由四五〇公尺拓寬成五五〇公尺，以利河水快速排放至出海口，卻同時也導致海水入侵。離隘口三、四百公尺的社子島，從此只要颱風加上漲潮，一定淹水，土地良田流失崩坍土壤鹽化，地貌也因此改變。

高玉樹 1964~1972

● 一九六七年
內政部核定福安里、富安里、中洲里為「滯洪區」，限制區內人口增加及土地利用。

● 一九六九年
強颱艾爾西（Elsie）、芙勞西（Flossie）颱風相繼侵襲台灣東北部，重創台北，台北市政府開始重視防洪建設與防洪計畫。

● 一九七〇年
經濟部在「台北地區防洪計畫」中，把堤外三里（今所稱之社子島）列為限制發展的洪泛區，停止一切建設許可，土地與建物限制開發。

張豐緒 1972~1976

● 一九七三年
完成標高二·五公尺的社子、中洲及浮洲三處防潮堤，並設了抽水站。

● 一九七五年
中山高速公路興建為台北市區中的第一個交流道「重慶北路交流道」，將番仔溝填平，從此社子島地形也由獨立的葫蘆島變成狹長的半島。此後，

因不敵中南部蔬菜北運的競爭，社子島農業逐漸沒落。

林洋港 1976~1978

- 一九七七年
將防洪堤提高一尺。

李登輝 1978~1981

- 一九七八年
配合基隆河洲美防潮堤防之興建，把社子、中洲與浮洲三處防潮堤，加高到四公尺。
- 一九七九年
為配合防洪初期計畫，養工處建議社子島列入保護，堤防設計需考量地質弱的問題。

許水德 1985~1988

- 一九八七年
八月，社子島堤防建設促進會召開記者會，抗議經建會年年否決社子島築堤保護，主委楊明照並要求免徵社子島土地、建物等稅金，並從優徵收土地、建物及輔導遷村，遷村前應每年發給補償金與防洪受害費。

吳伯雄 1988~1990

- 一九八八年
八市府提出娛樂區構想（色情風化區及賭博區），以社子島來集中管理相關特種產業。遭居民及相關團體反對。
- 一九八九年

潘禮門指示都計處規劃容納各種特種行業的「高級娛樂區」。

黃大洲 1990~1994

- 一九九〇年
明訂開發社子島為台北都會的住宅區、遊樂區與娛樂中心。
富安里、中洲里合併為富洲里。
- 一九九一年
台北市都委會通過社子島都市計畫主要計畫，將配合關渡平原及淡水河遊憩活動等規劃，使社子島成為休閒遊憩區。
擬向經建會申請中美基金，開國際標進行細部計畫。
- 一九九二年
都計處召開首場「士林區社子島地區細部計畫設計和開發計畫案」民眾座談會。
- 一九九三年
在社子島臨河土堤外建造了六公尺高的水泥堤防，並加設抽水站；內政部核定公告社子島以區段徵收方式進行整體開發，市府配合核定內容公告主要計畫。

陳水扁 1994~1998

- 一九九六年
居民多次陳情下，北市府宣布一九九四年以前原有建物得有條件臨時性加建。

● 市政會議通過，社子島與關渡一體開發。

● 一九九七年

居民不斷陳情下，市府擬定「變更社子島地區主要計畫案」，採區段徵收，以二〇〇〇年內的防洪頻率，開發二四〇公頃高保護區，承諾從優補償、從寬處理及先建後拆原則。

● 一九九八年

公開展覽「變更社子島地區主要計畫案」及「擬定社子島地區細部計畫案」。

馬英九 1998~2006

● 二〇〇〇年

提出建造輕軌列車構想，與士林北投科技園區銜接。

社子島主要計畫進行公展，並提送都委會審議。

● 二〇〇二年

社子島都市計畫細部計畫、主要計畫先後經內政部都委會審議通過，（決議原則通過，但附帶條件「應俟經濟部同意本案配合之防洪計畫後，始予核定」。）

計畫於二〇二五年把社子島打造為親水休閒生態科技島「河濱花都」。

● 二〇〇六年

十二月，双河彎月刊創刊號發行，成為社子地區特有的文化誌。

郝龍斌
2006~2014

● 二〇〇八年

社子島防洪計畫公告前，社子島工商業廠房、房舍透過「列管輔導」就地合法。

北市府減免社子島土地稅或田賦三〇%，疏解該地無法開發的損失

市府決定先改善社子島現有基本設施及景觀，包括改灘地景觀、擴建抽水站、基隆河左岸社子島河岸保護改善工程等。

● 二〇一〇年

行政院核定台北地區（社子島與五股地區）防洪計畫修正報告，通過「社子島開發計畫案」，聲明將以十一年投入資金七〇〇億元，要把社子島打造成「台北曼哈頓」。

行政院經建會通過「社子島開發計畫案」；核定「台北地區防洪計畫」，社子島得加高堤防至九・六五公尺，人居地墊高至八・一五公尺。

行政院

● 二〇一〇年六月

台北市公告實施「變更台北市士林社子島地區主要計畫案」，劃分居住、商業、產業服務、娛樂及遊樂等五大使用分區，計畫面積近二九四公頃，填土量一六二四萬方，預估需耗時十四年。

● 二〇一三年

連接北投的社子大橋舉行通車典禮。

柯文哲
2014~迄今

● 二〇一四年

郝版社子島開發案「台北曼哈頓」，因填土量過高、自然環境破壞等因素，北市環境影響評估審查委員會二次環評未過，要求北市府再審議。

● 北市長候選人柯文哲選前政見中，提出社子島禁建應放寬、加速環評及四年內完成區段徵收的目標。

● 二〇一五年

提出新的開發案，規劃「運河社子島」、「生態社子島」及「咱ㄟ社子島」三個方案。以 i-Voting 的方式，由居民票選。

成立社子島專案辦公室，並設立工作站於社子島坤天亭，做為市府與居民溝通的橋樑。

八月四日頒布「臺北市社子島地區原有建築物修繕暫行處理要點」

● 二〇一六年一月

建管處宣布放寬接水電規定，沒有門牌的違建也能申請，可望改善四十年來向鄰居買水、載水的特殊情況。

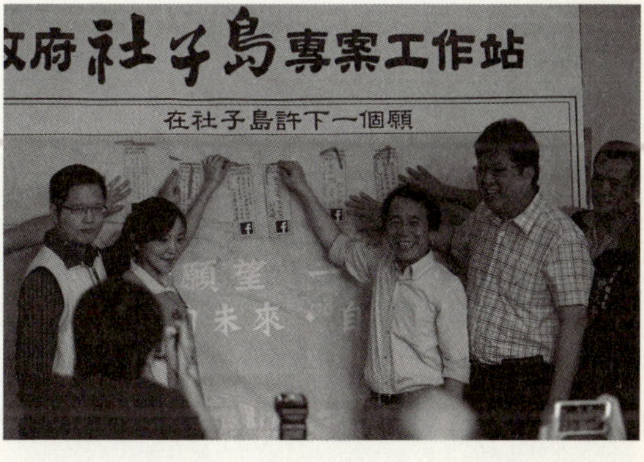

社子島

囚禁半世紀，被遺忘的孤島

作　　者　楊麗玲
封面設計　李淨東
內頁設計　黃鈺涵
攝　　影　陳弘岱
行銷企劃　林佩蓉、林裴瑤
責任編輯　陸傳傑
總 編 輯　林淑雯
副總經理　李雪麗

社　　長　郭重興
發行人暨出版總監　曾大福
發　　行　遠足文化事業股份有限公司
地　　址　23141新北市新店區民權路108-2號9樓
電　　話　(02)2218-1417
傳　　真　(02)8667-1891
劃撥帳號　19504465　戶名：遠足文化事業股份有限公司
客服專線　0800-221-029
e-mail　service@bookrep.com.tw
讀書共和國網路書店　http://www.bookrep.com.tw
印　　製　成陽印刷股份有限公司　電話：(02)2265-1491
法律顧問　華洋國際專利商標事務所　蘇文生律師

定　　價　330元
初版一刷　2016年7月

特別感謝
財團法人喬大文化基金會在本書製作過程中，給予的諸多協助，
使本書得以順利出版，特申謝忱。

國家圖書館出版品預行編目（CIP）資料

社子島：囚禁半世紀，被遺忘的孤島！/ 楊麗玲作 . --
初版 . -- 新北市：遠足文化，2016.07
面；　公分
ISBN 978-986-93164-5-3（平裝）

1. 土地開發　2. 臺北市士林區

554.56　　105008484